문학과지성 시인선 369

눈물이라는 뼈

김소연 시집

문학과지성사

문학과지성사에서 펴낸 김소연의 시집

극에 달하다(1996)
수학자의 아침(2013)
촉진하는 밤(2023)

문학과지성 시인선 369
눈물이라는 뼈

초판 1쇄 발행 2009년 11월 27일
초판 14쇄 발행 2024년 11월 22일

지 은 이 김소연
펴 낸 이 이광호
펴 낸 곳 ㈜문학과지성사
등록번호 제1993-000098호
주   소 04034 서울 마포구 잔다리로7길 18(서교동 377-20)
전   화 02)338-7224
팩   스 02)323-4180(편집) 02)338-7221(영업)
전자우편 moonji@moonji.com
홈페이지 www.moonji.com

ⓒ 김소연, 2009. Printed in Seoul, Korea

ISBN 978-89-320-2013-6 03810

이 책의 판권은 지은이와 ㈜문학과지성사에 있습니다.
양측의 서면 동의 없는 무단 전재 및 복제를 금합니다.

지은이는 2008년 한국문화예술위원회가 지원한 창작지원금을 수혜했습니다.

문학과지성 시인선 369
눈물이라는 뼈

김소연

2009

어떻게 노래를 시작하게 되었나요?
시작이라…… 울음. 그래요, 울음과 함께 시작되었죠.
─밥 말리

寒鴉가 와서
그날을 울더라
밤을 반이나 울더라
사람은 영영 잠귀를 잃었더라
― 김수영

사람의 울음을 이해한 자는 그 울음에 순교한다
— 김소연

시인의 말

어떤 눈물들은
차분하고 투명하며 열렬했다.

그런 눈물과 닮고자 했다.
나의 문학이.
그리고 나의 삶이.

내게 뼈를 보여주신 당신께,
고마움과 미안함과 황홀함을 전한다.

2009년 11월
김소연

눈물이라는 뼈

차례

시인의 말

제1부 사람이 아니기를

폭설의 이유 15
위로 17
너를 이루는 말들 20
이것은 사람이 할 말 22
한 개의 여름을 위하여 25
사람이 아니기를 28
눈물이라는 뼈 31
침묵 바이러스 34
그녀의 생몰 연도를 기록하는 밤 37
비밀 40

제2부 경대와 창문

이 지구가 우주의 도시락이라면 45
무슨 일이 일어난 걸까 48
몬순 팰리스 50
고통을 발명하다 52
경대와 창문 56
그리워하면 안 되나요 58

너라는 나무 59
유리 이마 62
나 자신을 기리는 노래 64
너무 늦지 않은 어떤 때 66

제3부 투명해지는 육체

명왕성에서 71
뒤척이지 말아줘 72
마음으로 안부를 묻다 76
투명해지는 육체 78
거기서도 여기 얘길 하니 82
노련한 손길 86
그날의 일들 87
명왕성으로 89

제4부 감히 우리라고 말할 수 있는 자들을 위하여

공무도하가 93
불망(不忘) 카페 94
맛 97
야만인을 기다리며 98
만족한 얼굴로 100
그녀의 눈물 사용법 103
"꽃이 지고 있으니 조용히 좀 해주세요" 106
詩人 108
고독에 대한 해석 110

제5부 모른다

달랑자가드의 여자 115
바라나시가 운다 116
로컬 버스 118
내가 할 일 120
식탐을 기리다 122
타만 네가라 124
꿀벌들의 잘난 척 126
계시는 아버지 127
세 사람과 한집에 산다 128
말과 당신이라는 이상한 액체 130
위대한 감사의 송가 131
모른다 133

해설|지워지면서 정확해지는, 진실·신형철 135

제1부
사람이 아니기를

폭설의 이유*

흰 약처럼 쓰디쓴 고백들이 한꺼번에 쏟아진다
핏대를 세워 밤새 지르는 고함과도 같다
귀가 찢길 듯하다

차디찬 고백이 생피를 흘린다
입김을 불어 유리창을 닦는다
나는 우두커니로 확장된다

우리가 흘린 벙어리장갑 한 쌍이 보인다
깍지를 낄 순 없었지만
밑면과 밑면은 情死한 연인처럼
더 바랄 게 없는 표정으로 포개어져 있다
못다 한 고백들이 정전기가 되어
그 사이로 스며든다

누군가의 발소리가 흠뻑흠뻑 들린다
털이 많은 짐승 하나

아랫도리를 부드럽게 스치며 지나간다

유리창을 한 페이지 넘긴다
나는 하얗게로 지워진다
지워진다로 정확해진다

* 강정 시인에게.

위로

> 위로이리라, 수백 년을 더
> 서로에게 가지로
> 닿아도 된다는 건
> ──라이너 쿤체,
> 「"필레몬과 바우키스" 주제의 변주」에서

나무는
별을 보며 이미지를 배운다

별이
유독 뾰족해지는 밤

나무들은 남몰래
가지 끝을 조금 더 뾰족하게 수선한다

나무들 정수리는
모두 다 별 모양이다
이동력이 없는 것들의 모양새는
그렇게 운명 지어진다

별이
별과 함께 별자리를 만든 건

고독했던 인류들이
불안했던 인류에게 남긴
위로의 한 말씀

나무와
나무 사이
그 간격은 몇십 센티미터가
몇억 광년과 다름이 없다

그래도 수백 년을 더
뿌리에게 뿌리로
닿기로 한다

내 나무는 어떨 땐

'플랜트?' 하고 물으면
'플루토!' 하고 대답한다
그건 내 나무들만의
비밀한 위트다

너를 이루는 말들

한숨이라고 하자
그것은 스스로 빛을 발할 재간이 없어
지구 바깥을 맴돌며 평생토록 야간 노동을 하는
달빛의 오래된 근육

약속이라고 해두자
그것은 한 번을 잘 감추기 위해서 아흔아홉을 들키는
구름의 한심한 눈물

약속이 범람하자 눈물이 고인다 눈물은 통곡이 된다
통곡으로 우리의 간격을 메우려는 너를 위해
벼락보다 먼저 천둥이 도착하고 있다
나는 이 별의 첫번째 귀머거리가 된다
한 도시가 우리 손끝에서 빠르게 녹슬어간다

너의 **선물**이라고 해두자
그것은 상어에게 물어뜯긴 인어의 따끔따끔한 걸음걸이

반짝이는 비늘을 번번이 바닷가에 흘리고야 마는
너의 오래된 실수

기어이
서글픔이 다정을 닮아간다
피곤함이 평화를 닮아간다

고통은 슬며시 우리 곁을 떠난다

소원이라고 하자
그것은 두 발 없는 짐승으로 태어나 울울대는
발 대신 팔로써 가 닿는 나무의 유일한 전술
나무들의 앙상한 포옹

그러므로 우리는 우리의 **상처**는
나무 밑둥을 깨문 독사의 이빨 자국이라 하자
동면에서 깨어난 허기진 첫 식사라 하자
우리 발목이 그래서 이토록 욱신욱신한 거라 해두자

이것은 사람이 할 말

늙은 여가수의 노래를 듣노니
사람 아닌 짐승의 발성을
암컷 아닌 수컷의 목울대를
역류하는 물살

늙은 여가수의 비린 목소리를 친친 감노니
잡초며 먼지덩이며 녹슨 못대가리를
애지중지 건사해온 폐허
온몸 거미줄로 영롱하노니

노래라기보다는 굴곡
노래라기보다는 무덤
빈혈 같은 비린내

관록만을 얻고 수줍음을 잃어버린
늙은 여가수의 목소리를 움켜쥐노니
부드럽고 미끄러운 물때

통곡을 목전에 둔 부음
태초부터 수억 년간 오차 없이 진행되었던
저녁 어스름

그래서 이것은 비로소 여자의 노래
그래서 이것은 비로소 사람이 할 말
그래서 이것은 우리를 대신하여 우리를 우노니

우리가 발견한 당신이라는
나인 것만 같은 객체에 대한 찬사

살면서 이미 죽어본 적 있었다던
노래를 노래하노니
어차피 헛헛했다며
일생이 섭섭하다며
그럴 줄 알았다며 그래서 어쩔 거냐며

늙은 여가수의 노래에 박자를 치노니

까악까악 까마귀
훌쩍훌쩍 뻐꾸기

한 개의 여름을 위하여

　미리 무덤을 팝니다 미리 나의 명복을 빕니다 명복을 비는 일은 중요합니다 나를 위한 너의 오열도 오열 끝의 오한도 미안하지 않습니다 저승에서의 지복도 나는 꿈꾸지 않습니다 궁극이 폐허입니다 한 세기가 지나갈 때마다 한 삽씩 뜨거운 땅을 파고 이 별의 핵 지대로 내려가곤 했습니다 너를 만나길 지나치게 바랐기 때문입니다 이젠 그 안에 들어가 미리 누워봅니다 생각보다 깊고 아득합니다 그렇지만 무섭고 춥습니다

　너는 내 귀에다 대고 거짓말 좀 잘해주실래요 너무나 진짜 같은 완벽한 거짓말이 그립습니다 아이들이 아이스크림을 찾듯 거짓말 덕분에 이 우주는 겨우 응석을 멈춥니다 어지럽습니다 체한 걸까요 손을 넣어 토하려다 손을 들고 질문을 합니다 여긴 왜 이렇게 추운가요

　너는 여기로 올 때에 좀 조심해서 와주실래요 뒤를

밟는 별들과 오다 만난 유성우들은 제발 좀 따돌리고 너 혼자 유령처럼 와주실래요 내 몸은 너무 오래 개기월식을 살아온 지구 뒤편의 달, 싸늘하게 식었을 뿐 새가 가지를 털고 날아만 가도 요란을 떠는, 풍화도 침식도 없는 그늘입니다 뜨거운 속엣것이 고스란히 보존된 광대한 고요란 말입니다 춥습니다

칼을 들어 한 가지 표정을 새기느라 또 한 세기를 보냈습니다 나를 비출 거울이 없었으므로 아마도 난 자를 했을지도 모르겠습니다 그래도 하는 데까진 해 보았습니다 한 가지 표정이기를 바랍니다 피를 너무 흘려 몸이 좀 싸늘합니다 냉기 가득한 살갗에 흘러내리는 뜨거운 피가 반가워 죽겠습니다

쥐똥나무 꽃향기가 지독해서 귀를 틀어막고 누워 있습니다 이 꽃이 지고 나면 이 별에는 더위가 시작될 겁니다

너는 지금 간신히 내 몸속에 도착해 있습니다 해수의 밀도는 낮아집니다 간빙기를 끝내는 소리가 지구 바깥에서 우렁찹니다 깊은 땅속이 먼저 뜨거워지고 빙산은 모든 것을 묵인하고 버티려다 쩍쩍 갈라져 천둥 같은 울음을 보냅니다 눈물이 이토록 범람하면 지형이 곧 바뀔 겁니다 내 몸에서 거대한 얼음 조각들이 떠다니고 있습니다 서로 부딪쳐 얼음 멍이 들고 있습니다 무정할 수는 없는 순간입니다

사람이 아니기를

나비가

벌레였던 기억을 날개에 얹고서 무덤을 향해 날아갔다 누워 있던 과실의 썩은 부위에서 저도 모르게 포식의 향연을 벌였던 기억 하나, 주둥이에 아프게 남아 있었다 부패 식당 안내 지도가 그 편편한 날개에는 대칭으로 새겨져 있었다 문갑의 경첩이 된 지 팔백 년, 네 마리의 나비가 편안하게 수문장으로 내 생을 살고 있다

말매미가

팔딱대던 날개를 접었다 수액을 빨고 나면 입을 한 번 닦고 나면 큰 호흡을 하고 나면 살갗이 아프도록 울음을 울었다 지극하게 통곡한 이후에는 짝을 불러 지독한 사랑을 나누었다 그러고는 육신을 버렸다 그 것 또한 수백 년 전, 두 마리의 말매미가 서랍장 손잡이가 되어 알뜰하게 저승을 살고 있다

보름달이

그럴 때는 문짝 안에서 진경산수와 십장생을 비춘다
흐르는 물이거나
사슴이거나
모란이거나
바위이거나
죽림이거나

모두 한통속이 되어
사람이 아니기를
꿈꾸었다 한다

사람 하나
경대 앞에 앉아서 분첩을 열어 얼굴에 바른다 주근깨를 지우고 기미를 지우고 흉터를 지운다 눈썹을 그리고 눈동자를 그리고 입술을 그려서 여자를 만든다 사람으로 태어나 사람 비슷한 것으로 살다가 사람이 아니어지는 이 세월, 어리석어도 좋고 저속해도 좋고 잔인해도 좋다며, 잠시나마 사람인 것으로 환치시키

려고 붉은 연필을 들고 안달을 한다 온 세상 경첩들
이 한꺼번에 덜컹대는 한밤중에

눈물이라는 뼈

 암늑대가 숲속에서 바람을 간호하는 밤이었대. 바람은 상처가 아물자, 숲을 떠나 마을로 내려갔대. 암늑대가 텅 빈 두 손을 호호 불며, 우듬지에 앉은 지빠귀를 올려다보는 밤이었대. 섭생을 위해서 살생을 해야만 하는 운명에 처한 늑대 이야기에, 한 아이는 밑줄을 긋고 있었대. 바람은 그 지붕 위를 저벅저벅 밟고 다녔대. 암늑대는 노란 지빠귀를 올려다보고, 노란 지빠귀는 늑대를 내려다보았대. 둘은 눈을 떼지 않고 서로를 쳐다보았대. 그래서 겨울밤은 감옥이 되기 시작한 거래.

 바람은 이불처럼 마을을 덮었다가, 이내 사납게 지붕들을 부수며 뛰어다녔대. 한 아이가 등불을 끄고 누울 때 두 손을 가슴에 얹는 것은, 이 겨울밤에 닥친 이야기의 죄값에 대해 이미 알고 있기 때문이래. 안다는 것에 대해 가슴이 미리 떨리기 때문이래. 세상이 잠이 들자, 암늑대는 나무둥치를 갉았대. 발톱을 힘껏 세워 갉아댔대. 지빠귀는 더 이상 노래하지 않앉대. 그 부리로 더 이상 먹지도 않았대. 앙상한 나뭇가지만을 쪼아대고 있었대. 바람은 온 마을을 한 바퀴 휘감고는, 장전을 끝낸 총구처럼 날렵하게 북상 중이었대. 바람은 그럴 때 아이들의 악몽을 빼앗아 달아난대. 악몽이 빠져나간 아이들의 이마는 허름해지고, 지빠귀가 쪼아댔거나 먹어댔거나 노래했거나, 암늑대의 눈빛은 흔들리지 않았대.

 바람을 간호하던 암늑대의 긴 혓바닥이 나뭇가지처럼 딱딱해질 때, 비로소 아이는 늑대의 섭생을 이해하는 한 그루 어른이 되는 거래. 그때 바람은 떠났던 숲으로 돌아가지 못해 더 큰 목소리로 운대. 눈물이 사라진 어른들을 믿을 자신이 없어, 아이도 모로 누워 남몰래 운대. 밤새 흘러내린 눈물로 마당이 파이기 시작하면, 바람은 사라지고, 새로운 돌부리들이 죽순처럼 쑥쑥 마당을 뚫고 올라온대. 누군가는 그 돌을 주워 피리를 불고 누군가는 그 돌이 부르는 노래를 듣는대. 늑대가 섭생을 위해 밤새도록 무엇을 원했는지는, 그 노래에 귀를 기울이면, 다, 알 수가 있대.

침묵 바이러스

나는 말비듬이 떨어진 당신의 어깨를 털어주었다. 당신은 말들을 두 손 가득 담아 내 몸에 뿌려주었다. 눈을 맞은 나무처럼 꼿꼿이, 이 거리에 함께 서 있던 잠깐 동안의 일이었다.

말을 상자에 담아 당신에게 건넸을 때, 당신은 다이얼을 돌려가며 주파수를 잡으려 애를 썼다. 라디오 앞에 귀를 내어놓은 애청자처럼, 나는 당신의 사연을 읽어주는 DJ가 됐을지도 모를 일이다.

그때 우리는 들을 준비가 되어 있었다. 누구도 말하려 하지 않았을 뿐. 모두가 몸져 누웠을 뿐. 말하지 않았기 때문에 가해진 체벌이었을 수도 있겠다. 죄를 입증하는 것보다 결백을 입증하는 데에 말이 더 무력한 탓일 수도 있겠다.

사람들은 발가벗은 몸으로 거리에 서 있었다. 줄기만 남은 담쟁이들조차 시멘트벽을 부둥켜안고 말없이 열렬히 침묵했다. 그럴 땐 태양조차 꿈을 꾸고 있었으리라. 백만 킬로와트 전력으로도 환히 밝혀질 리 없는 순백의 꿈이거나 밝혀서는 아니될 알몸의 꿈. 매초마다 기적이 일어나는 꿈. 같은 자리에 오래 서 있던 사람들이 햇빛 받은 나무처럼 온몸이 쑥쑥 크는 거신증 같은 꿈.

 벌을 선 채로 우리는 꿈속으로 들어가길 갈구했다. 돌멩이와 돌멩이처럼 조개껍질과 조개껍질처럼 서로의 꿈속으로 들어가 사지를 포갠 채 말을 대신하기를. 당신이 듣고 싶은 한 마디가 입에서 나오질 않는다. 할 말을 하지 않아서 나는 신열을 앓고, 당신에게 가는 버스는 끊기고, 막차를 놓친 사람들과 함께 이 겨울을 받아내며 나는 서서히 얼어간다. 눈은 쌓여 어깨가 버겁다. 막차가 떠난 밤거리는 말의 끝자리와 같았다. 첫말과 끝말의 그 사이,

 귀가 백만 개의 잎사귀로 태어나는 새벽, 손이 백

만 개의 날개로 퍼득대며 날아오르는 새벽, 당신이 쏟아낸 말들이 기적처럼 하얗게 쏟아진다. 제대로 된 자세로 몰매를 맞아보려고 손을 뻗어 라디오를 끈다.

그녀의 생몰 연도를 기록하는 밤

밤마다
그녀였던 당신이었던
수많은 아이들이 찾아와요
거친 바람처럼 문을 흔들며 칭얼대요
하나같이 눈은 퉁퉁 부었고 손끝은 차고
고개는 숙였어요

심란함과 심약함을 겸비한 이들과의 오래된 이 면회
번번이 그녀는 엄마가 돼요
그녀는 두 개의 젖으로 남아요
아이들을 모두 재우고 나면 언제나
젖꼭지가 아리죠

그녀였던 당신이었던 아이들
당신이었던 그녀였던 아이들
활짝 웃으며 기쁘게 찾아온 적 없어요
쓰러질 듯 아프게 온 적도 없어요

지낼 만한 노곤함과
돌아갈 만한 차비를 두 손에 움켜쥐고
칭얼대고 칭얼대다 사라지죠

들어줍니다 두 귀를 여행 가방처럼 활짝 열고서
쓰다듬지요 두 손을 세계지도처럼 판판히 펼쳐서
위로합니다 긴 밤을 꼬박 앉아서

희멀건 달을 볼 안에 넣고 사탕처럼 굴리던
구름들이 녹아 사라지면
지붕들 모서리가 금빛으로 반짝거리죠
아이들은 일어나 갈 길을 가구요

배웅하고 돌아와 비로소 누울 때
피로가 쥐처럼 전생을 갉아요
폐사지처럼
육체를 뚫고 거친 잡초가 성큼성큼 자라나죠

번번이
한 아이가 남아 있어요
벽에 걸어둔 시커먼 외투처럼 등 뒤에서
이 아이, 자기가 엄마라고 우깁니다

여기 앉아,
의자를 내어주니
그녀는 앉을 자리가 없네요
몸을 접고 접고 또 접어 그녀는 한 마리 쥐새끼가
되지요
그러면 누울 자리가 생기니까요
누워서 그녀는 자기 젖을 빨아요
그러면 그녀는 잠이 오지요

비밀

 암흑이 순백으로 보일 때가 있지. 그럴 땐 흰 바탕에 흰 글씨를 쓰는 하얀 사람이 밤의 모서리에 석고를 바를 때. 우주의 처음과 끝이 약봉지 속에서 떨어져 내린 알록달록한 알약들처럼 친밀하게 느껴질 때.

 아파도 절반만이 아프고 누워도 절반쯤 잠을 자는 그런 밤이 올 때가 있지. 그럴 땐 추위도 모르는 때. 북극의 지평선 저만치에 놓인 냉장고가 되는 때. 그땐 소리가 없지. 방 한 칸이 줄 없는 비파처럼 통째로 공명통이 되지. 그럴 땐 울음에 홀리지. 홀린 채로 헐리지.

 암흑이 비단처럼 보일 때가 있지. 그럴 땐 흑장미와 흑장미 가시와 흑장미에 앉은 벌 한 마리와 흑장미 그림자조차 비단이 되는 때. 가장 시린 한 구석만이라도 잠시만이라도 그 비단으로 몸을 감싸고 싶어지는 때. 지금은 시린 발을 담그지. 바닷물처럼 그 속에 정강이를 담그고 조금씩 조금씩만 앞으로 나가

보는 때. 할 일의 반만 하는 때. 할 말은 혼자서만 하는 때.

   해갈을 욕망하고 지내다 보면 어느새 물을 잊게 되지. 사막낙타가 사막낙타가시나무를 우물우물 씹듯 제 입안에 고인 핏물로 목을 축이듯. 이게 내가 식물이 될 수 있었던 이유. 암흑은 인공위성으로 어제 찍어둔 빙하. 오늘은 사라지고 없을 테지.

제2부
경대와 창문

이 지구가 우주의 도시락이라면

긴 손가락으로 애써 박아 넣은 보름달이 내려앉아요
이 지구가 우주의 난간이라면
나는 지금 펄럭이는 하얀 빨래의 위치에 서 있죠
정이 들도록 오래 머물지 않고
빨래를 걷어 쉽게 떠날 수 있다니 한참이나 기쁘죠

토요일엔 지도를 펴 보겠어요 내가 어디에 있는지 확인한 후엔
꼭 필요한 것만 배낭에 넣고서 다른 생으로 넘어가야죠
이 지구가 우주의 간장 종지라면 오늘은 저 별들을 찍어 먹을래요
이 지구가 우주의 눈물 한 방울이라면 오늘은 우산을 쓰고 초원으로 가야죠
표범을 타고 날뛰며 새로 산 초록 머플러를 휘날려야죠

아—

입을 벌린 먹장구름이 지구별 세척을 마치고 가는 새벽
주인집 아주머니가 가마니 속 젖은 콩들을 테라스에 쏟아놓고 말려보며
별 하나에 콩 하나와 콩 하나에 추억 하나를 세어봅니다

토요일엔 아주머니
식구처럼 키워온 양들을 팔러 시장에 나가보세요
제일 어린 양 한 마리는 남겨 두세요
그날 저녁은 새끼 양고기 바베큐로 파티를 열어주세요
보름달처럼 환하게 웃으며 늑대처럼 씩씩하게 뜯어먹게요

일요일엔
치즈를 말리러 지붕에 올라가겠죠

이 지구가 우주의 도시락이라면 치즈 한 덩이는 지도에 싸서

배낭에 넣고 떠날래요

무슨 일이 일어난 걸까

내려앉는다
우주의 잔별들이 거스름돈처럼 지금
손바닥 위에
묵직하게

나는 부자가 되어
나락으로
편안히 가라앉는다

아무 일도 없는 듯한 오후
키 큰 꽃들은 창자를 내어 말린다
창자는 뼈처럼 단단해진다

어딘가에서 울음이 들린다
울음의 박자를 나는 젓가락으로 받든다
한 박자 하나, 반 박자 두 개

미지근한 커튼을 친다

바람만 들어오시고
빛은 나가 있으라
제발 나가 있으라

고양이처럼 사뿐하게
키 큰 꽃들의 뼈를 집는다
너와 나의 길목에 배열한다

가장 늦은 일이 돼야 할 것이다
내가 나를 찾아내는 건

몬순 팰리스

너는 알 거야
여자의 꿈속에서 깊어지는 그 사내의 손길을
웃자란 머리카락을 강물 속에 드리우며 숙이는
허리의 속살을
박쥐가 날고자 눈을 부라리는 해질 녘
무릎이 아파서 난간에 앉은 고양이의 자존심을

그림자가 길게 드리워진 이 시간에
잔디에 물을 주는 잘생긴 사내 하나
솟구쳐 솟아오르는 호스 속의 물줄기를
두 손으로 제어하지 못하더니
물방울의 깔깔거림으로 온몸을 적시네

젖꼭지가 비치도록 젖어버린 하얀 셔츠
여자의 꿈속에서 빠져나온
인어 한 마리가 그 사내를 감고
나는 이제 시간의 저녁을 허리에 감을래

땀방울이 매달린 속눈썹
바람에 펄럭이는 야윈 사내의 티셔츠
긴 머리를 나풀대는 어린 여자애들이
토끼처럼 초조하게 깡충대는 해질 녘

잘생긴 사내 하나 애써 먼 곳으로 시선을 옮겨
잘생긴 저녁달을 쳐다보았어
달은 온 도시의 사내에게 습한 빛을 뿌리고
앙상한 나무들은 굽혔던 무릎을 펴고서
늠름히 달빛을 쬐고 있었어

쥐들이 새처럼 하늘을 날아오르는 해질 녘
나는 알 것 같아 저 달의 관능을
필터를 잘라내고 담배를 피웠어
섹시하게

고통을 발명하다

나잇값만큼 깊어지는 여자의 우울과
우울을 모독하고 싶은 악의 때문에

창문 꼭꼭 닫아둔 여자의 베란다에선
여린 식물들부터 차례대로 말라 죽기 시작했다
볕이 너무 좋았으므로 식물들은
과식을 하고 배가 터져 죽게 된 것이다

악의를 그럴듯하게 포장하는
여자의 노련함 때문에
한 개의 꼬리가 아홉 개의 꼬리로 둔갑한다
꼬리를 감추기 위해 여자는
그림자의 머리끄덩이를 잡아챈다
아스팔트에 내동댕이를 친다

자기 기억을 비워내기 위해
심장을 꺼내어 말리는 오후

자기 슬픔을 비워내기 위해
배를 가르고 내장을 꺼내 헹구는 오후

여자는 혼잣말을 한다
왜 나는 기억이나 슬픔 같은 것으로도 살이 찌나
왜 나의 방은 추억에 불만 켜도 홍등가가 되나

늙어가는 몸 때문이 아니라
나이만큼 무한 증식하는 추억 때문에
여자의 심장이 비만증에 걸린 오후
드디어 여자는 코끼리로 진화했음을 안다

진화에 대해서라면 여자도 할 말이 있었다
한때 여자도 텅 빈 육체로 가볍게 나는
작고 작은 새 한 마리였으므로

이제 여자는 과거에 대해서만
겨우 할 말이 있을 뿐이다

공복의 시간은 여자에게 그때뿐이기 때문이다

시간은 없고 시시각각만이 존재하는
여자 앞에서
아무도 세월에 대해 말해주지 않았다 그러나
축대 난간에 기댄 모르는 노인네의 울음까지도
귀 기울여 참고해왔으므로 여자는 안다

사람의 울음을 위로한 자는 그 울음에 접착된다
사람의 울음을 이해한 자는 그 울음에 순교한다
그러나 울음은
유목의 속성이 있어 들어줄 사람을 옮긴다
더 큰 울음보를 장전하기 위해
더 큰 고통을 발명한다

여자의 손안에는 꼭 쥐어 짓물러진
과일이 들어 있다
그 즙이 소맷자락을 타고 올라가

끈끈한 악취를 풍긴다
그럴 때면 여자는 안달이 난다

악취를 우울로 포장해줘
시퍼런 나뭇잎들은 나의 우울을 모독해줘
후회 없이 하루를 살다 누렇게 시들게 해줘

여자는 언제나 얌전하게 집으로 돌아온다
집에는 순교자를 강간하고 퍼질러 앉았던
꽃방석이 있다
비로소 여자는 기형아를 낳는다

기형아를 꺼내고 홀쭉해진 배를 여자는
시뻘건 육식으로 가득 채운다 마치 아귀처럼
마치 악다구니처럼 그렇지만 아름다웁게

경대와 창문

엄마는 딸 손에 자기 죽음을 쥐여주고 떠난다고 해
딸은 그 한 줌을 팔아 자기 삶에 큼직한 창문을 달지

(그렇다면 엄마는 언제 돌아가실 거죠)

경대 앞에 나란히 앉아
딸이 쓰는 로션을 엄마는 발라보고 계신다

엄마 얼굴의 저승꽃을 만진다
엄마, 이 꽃은 지지 않는 꽃인 거죠
주름 깊은 손마디에 달빛이 고여 있어요
애야, 손마디 주름이 헐거워지는 날부터
절반은 이승에 있지 않은 거다
채워진 걸 내내 모르고 살다가
이렇게 헐거워지고서야 알아채는 거다

육포처럼 말라버린 엄마의 발목을 만지며
내 생이 그녀의 생을 다 먹어버린 건 아닌지

속이 더부룩하고 신트림이 난다

(그렇지만 엄마는 지독히 오래 사실 거죠)

엄마는 딸에게 거울이 되어주었지만
거울은 원하는 표정만을 비추는 공범자를 자처했다
딸을 엄마는 창문이라 말하곤 했지만
꼭꼭 밀봉한 채로 문풍지를 발라주셨다

활짝 창문을 열어 큰 숨 쉬려 하니
골목 어귀에서 풀려나간 까마귀 한 마리
까악까악— 허공에 대고 자기 이름을 울부짖고 있다

그리워하면 안 되나요

젖가슴에는 젖꼭지 대신 꽃봉오리
발가락에는 발톱 대신 자갈들이

이럴 때는
그리워하면 안 되나요
이럴 때는
딱 한 잔, 딱 두 잔, 딱 녁 잔
이럴 때는
달빛에 녹아내리는 벚꽃 잎처럼
흩날려 사라지면 안 되나요

풍짝풍짝 풍짝짝
사람들이 춤을 덩실덩실 출 때에
그 앞에서 음악이 되어 사라지면 안 되나요

목덜미에는 입술
허리에는 두 팔
머리카락에는 태엽 풀린 인형들
등 뒤에는 매미처럼 당신이

너라는 나무

흔들리는 빈혈에게
흔드는 빈혈이 써서 주다

나의 문장에
독이 들었다 하지 않고
흔들리게 된다 말해주어 고맙다

창창한 잎사귀를 부비고
울울한 잔가지를 부딪쳐서
차분한 소리를 내어주어 고맙다

 훼훼훼훼 —
 쏴쏴쏴쏴 —

네 육체에선
소쇄원에서 듣던
그 소리가 난다

나는 눈을 감는다

오래전에 잊었던 소리가 들리므로

태풍에 쓰러져 네 방을 덮쳤다던 큰 나무
네 엄마는 시름져 누웠다지만
너는 눈 하나 깜짝 않고 종이처럼 얇았을 너의 집을 인내했다지만
내가 나무였대도 그랬을 테지
네 방 앞에서 너를 바라보고 있었다면
무너뜨리는 것과 껴안으려 넘어지는 것이 다르지 않다면

수맥이 흐르는 소리
뿌리를 뒤척이는 소리
감추고 싶은 신음 소리

그 모든 소리들을
손톱 아래 가시처럼 감춘 채

한꺼번에 바람을 부르고
대차게 바람을 맞는
너를 본다

너는 흔들리렴
나는 쓸게
네가 바라는 바
재현이 아닌 제시의 문장으로

유리 이마

타인의 상처와 노는 것
금줄 친 대문 앞에서
스무하루를 기다리는 것

백지에는 옛사랑의 연서를
백포에는 오래전 첫 경험의 검은 피를
댓잎에는 노랗게 굳은 정액을 감춰놓은
이것 역시도

계신가요
고개를 들이며 기척을 내면
유리 이마가 챙챙 깨지고
이마의 노른자가 남는다

거울 속으로 걸어 들어가는 그가 보인다

노른자는 금세 익고

이마엔 주름이 깃들일 때
내왕을 삼가하고 근신하는 것
그러곤 태삭(胎索)을 다시 걸러
문밖으로 한 번 나가보는 것

나갔다가 다시는
돌아오지 않는 것
이 모오든 것을
부러 기억할 필요야 없지만
새겨두고 마는 것

나 자신을 기리는 노래

입술을 조금만 쓰면서
내 이름을 부르고 나니
오른손 바닥이 심장에 얹히고
나는 조용해진다

좁은 목구멍을 통과하려는
물줄기의 광폭함에 가슴이 뻐근할 뿐이다

슬프거나 노여울 때에
눈물로 나를 세례하곤 했다
자동우산을 펼쳐든 의연한 사내 하나가
내 처마 밑에 서 있곤 했다

이제는
이유가 없을 때에야 눈물이 흐른다

설거지통 앞

하얀 타일 위에다
밥그릇에 고인 물을 찍어
시 한 줄을 적어본다
네모진 타일 속에는
그 어떤 암초에도 닿지 않고 먼 길을 항해하다
수평선 너머로 사라지는 그의 방주가 있다

눈물로 바다를 이루어
누군가가 방주를 띄울 수 있도록 하는 자에게는
복이 있나니,

혼자서 노래를 부르며 우는 자에게는
복이 있나니,

복이 있나니,
평생토록 새겨왔던 碑文에
습한 심장을 대고 가만히 탁본을 뜨는
자에게는

너무 늦지 않은 어떤 때

먼 훗날,
내 손길을 기억하는 이 있다면
너무 늦지 않은 어떤 때
떨리는 목소리로 들려줄
시 한 수 미리 적으며
좀 울어볼까 한다
햇살의 손길에 몸 맡기고
한결 뽀얘진 사과꽃 아래서
실컷 좀 울어볼까 한다
사랑한다는 단어가 묵음으로 발음되도록
언어의 율법을 고쳐놓고 싶어 청춘을 다 썼던
지난 노래를 들춰보며
좀 울어볼까 한다
도화선으로 박음질한 남색 치맛단이
불붙으며 큰절하는 해질 녘
창문 앞에 앉아
녹슨 문고리가 부서진 채 손에 잡히는

낯선 방
너무 늦어 너무 늙어
몸 가누기 고달픈 어떤 때에
사랑을 안다 하고
허공에 새겨 넣은 후
남은 눈물은 그때에 보내볼까 한다
햇살의 손길에 몸 맡기고
한결 뽀얘진 사과꽃 세상을
베고 누워서

제3부
투명해지는 육체

명왕성에서

 잘 있다는 안부는 춥지 않다는 인사야. 고드름 종유석처럼 플라스틱처럼. *(너는 전기난로를 장만하라 말할 테지만.)* 덕분에 나는 잘 있어. 이곳은 뺄셈이 발달한 나라. 한낮에도 별 떴던 자리가 보여. 사람이 앉았다 떠난 방석처럼 빛을 이겨낸 더 밝은 빛처럼 허옇게 뚫린 자리가 보여. 그때는 별의 모서리를 함부로 지나던 새의 날갯죽지가 베이지. 하루하루 그걸 바라보고 있어.

 말해줄게. 나의 진짜 안부를. 네가 준 온도계는 미안하게도 쓸모가 없었다는 것도. 네가 준 야광 별자리판은 쓸모를 다했다는 것도, 밤낮 칠흑이라 밤낮 빛을 냈다는 것도. *(너는 다행이라고 말할 테지만.)* 새들은 고드름 종유석 구멍에다 둥지를 틀지. 강아지는 플라스틱으로 배를 채우지. 나는 날마다 뺄셈을 배우지. 낱 점으로 접혔다가 한낮에만 잠시 부풀어오르는 작은 구슬이 되었어. 생각지 못했던 사물들과 하루하루 친밀해지는 서늘한 시간들이야.

뒤척이지 말아줘

내 뺨에 닿자마자
정전기가 이는 당신의 손
겨울밤이라서 그렇다는 위로 따위는 하지 말아줘

겨울이면
뺨이 트는 한 사람과
겨울이면
손이 트는 한 사람의
접착 불가능한 해후라고
그리고 그 밖의 모든 것이라고
정직하게 말해줘

밤새 어디 있었냐는 질문을
이젠 좀 눈빛이 아닌
복수로써 해줘

24시 노천탕에서 그날은

손바닥으로 수면을 만지며 놀았어
물속은 언제나
애 셋쯤 난 여자의 흐벅진 가슴 같아
따뜻하고 촉촉하고 말랑말랑한
수면을 만지며
그래서 밤새도록 놀았어

노천탕 담장 바깥으론
문산행 기차가
형광색 창문들을
1초당 12프레임 필름처럼
펼쳐 보이며 지나갔어

파리한 당신은 부디
창문에 이마를 기대지 말아줘
야간 노동자처럼 고단한 얼굴을
가장하지 말아줘
쿨럭쿨럭 기차도

기침을 하지 말아줘

그래,
엄마가 갑자기 보이지 않을 때에
아기들이나 지을 법한 표정을
세상 모든 엄마들은
잠잘 때에 짓곤 하지
나이 먹은 여자가 잠든 방은 그래서
들여다보면 안 되는 거야

얼굴을 내려놓았다면
나 역시 그런 표정이었겠지
그러니까 내려놓으라 하지 말아줘
얼굴을 쓴 채로 누워 있게 해줘

당신은 꿈을 꾸고 있어줘
일어나 새로 태어난 듯 항상 웃어줘
뒤척이지 말아줘

이불을 함께 덮고 있다는 걸 잊은 듯
돌아눕다가 모든 걸
내가 가져가버린데도
그대로 씩씩하게 누워 있어줘

마음으로 안부를 묻다

목숨 달린 모든 것들이
빛을 따라
거처를 옮긴다

강가에
불을 밝히고
하룻밤을 자고 일어나니
새하얀 이불 위에
물방개가 수북하다

베갯잇 모퉁이엔
잠자리 한 마리

들꽃들이
오므렸던 입술을 힘껏 벌려
빛을 향해 구애를 하는
아침

그늘 깊은 사람을
오래 껴안다 깨어난 이 몸도
기억은 몸에만 남아
뼈마디를 돌봐야 일어서지는
아침

벌릴 것을 다 벌려
헐겁게 앉는다

투명해지는 육체

月,
장을 보러 나갔다
자르지 않은 기장미역을 사 와서 찬물에 담갔다
베란다에선 파꽃이 피었고
달팽이는 그 위에 둥글게 앉아 있었다

火,
차마 깨우지 못했다
똬리를 틀고 잠든 나의 테두리를
동그랗게 에워싸며
조용히 다가가
다시 누웠다

水,
당신은 기차를 탔다 덜컹이기 위해서
창문에 이마를 대고 매몰차게 지나가는 바깥 풍경을
바라보기 위해서
나는 옥상에 의자를 내놓고 앉아 있었다

눈을 감고 귀를 깃발처럼 높이 매달았다
여린 기차 소리가 들렸다

木,
사랑을 호명할 때 우리는 거기에 없었다
서로가 서로에게 뿔 달린 짐승이 되어 있었다
당신의 두려움과 나의 두려움 사이에서
검은 피가 흘렀다
우리가 나누었던 대화들이 응혈처럼 만져졌다

金,
내가 집을 비운 사이 당신은
혼자 힘으로 여러 번 죽고 여러 번 다시 태어났다
꽃들도 여러 번 피었다 졌다
당신이 서성인 발자국들이 마룻바닥에 흥건했다
무수히 겹쳐 있어 수많은 사람이
다녀간 흔적과도 같았다
밥냄새 꽃 냄새 빨래 냄새가

지독하게 흥건했다
치르치르와 미치르가 돌아온 집도 이랬을 거야
우리는 빨래를 개며 말했다

土,

우리라는 자명한 실패를 당신은 사랑이라 호명했고 나는 고개를 끄덕였고 돌아서서 모독이라 다시 불렀다 세상 모든 몹쓸 것들이 쓸모를 다해 다감함을 부른다 당신의 다정함은 귓바퀴를 돌다 몸 안으로 흘러들고 나는 파먹히기를 바란다고 일기에 쓴다 파먹히는 통증 따윈 없을 거라 적는다 일기장을 펼칠 때마다 일생 동안 지었던 죄들이 책상 위에
  수
    북
 하
게
  쏟아져 내렸다

日,
우리는 주고받은 편지들을 접어 종이비행기를 날렸다
양 날개에 빼곡했던 글자들이 첫눈처럼
흩날려 떨어졌다

다시 月,
당신은 장을 보러 나간다
당신이 돌아오지 않을 수도 있다
현관문 바깥쪽에 등을 기댄 채
입을 틀어막고 한참을 울다 들어올 수도 있다
어쨌거나 파꽃은 피고
달팽이도 제 눈물로 점액질을 만들어
따갑고 둥근 파꽃의 표면을
일보 일보 가고 있다
냉장고처럼 나는 단정하게 서서
속엣것들이 환해지고 서늘해지길
기다리는 중이다

거기서도 여기 얘길 하니

늘 아침은 폭력적으로 들어왔어
나는 개켜놓은 양말처럼 몸을 접고 얌전해졌지
햇빛이 총알처럼 쏟아졌어
우두커니 앉아 그걸 다 맞으면
방 안은 탄피로 만발한 정원이 되었어

입안 가득 꿈을 물고 누워서
꿈 얘길 뱉고 있는 나에게
거기서도 여기 얘길 하니
넌 꿈 얘길 하러 잠시 여기 온 게 분명해
당신이 말했어

거기선,
숨을 몰아쉬며 달려, 거친 폭풍처럼 직진하며 너를 찾으러 다녀, 문을 열고, 미안해요, 또 문을 열고, 미안해요, 달뜬 이들의 동공 없는 눈동자가 하나씩 꺼졌고, 창자처럼 구불대는 골목 시장 끝방에 있는, 그 끝방 중에 또 다락방에 있는, 헌책방 책들처럼 아슬

히 꽂힌 당신을, 찾겠다고, 당신에게 다가가겠다고,
파도에 휩쓸려온 미역들을 발목에 감은 채
  거기 가서 여기 얘길 어떻게 할 수 있겠니
  이렇게 숨이 차게 달리고만 있었는데

  그런 꿈을 꾼 아침은
  몸 안쪽이 환해지곤 해
  감각들이 하나하나 옆자리로 도착하지
  방바닥에 널려 있던 탄피를
  나사처럼 뼈에 끼우지
  관절을 고정시키고 일어서면
  몸 안쪽이 몸 바깥으로 배어나오고
  새로 태어난 얼굴이 거울 앞에 보였어

  복도를 걷는 발소리들이 예민하게 벽을 건드리면
날선 와이셔츠에 서걱서걱 목이 베이며 걷는 관성의
숭배자들이 이곳을 모두 빠져나가는 게 보여, 그들은
너무나 뚜렷한 목적이라 목적 없는 표정을 짓는 사람

들, 발소리들이 온 도시를 흔들어, 이 경건한 도시가
사원이 될 날은 얼마 남지 않은 모양이야

  혼자 엎어져 있던 술 취한 여자라든가
  밤새 껴안다 각자의 집으로 돌아가는
  두 사람이라든가 모두의 뒷모습이 사라질 때

  꿈으로 가득했던 방들은
  하수구로 흘려 보낸 사람들의 생활고를
  무심히 바라보고 있어
  빈방들은 이제
  우두커니 외로워질 시간

  당신의 심장 소리가 빠르게 뚜벅이며
  이쪽으로 달려오고 있어
  공복의 복도는
  균열이 가고 있어
  차 한 잔을 끓이는 내 슬리퍼 소리가

서늘한 방 안에 낙뢰처럼
메아리쳐

노련한 손길

 노련한 손길이 사과 한 알을 깎듯, 지구를 손에 들고 깎아서 만든 길, 그 길고 긴 길의 한쪽 끝에 한 개의 당신이, 또 한쪽 끝에 또 한 개의 당신이, 나는 아침마다, 나는 밤마다, 두 개의 당신을, 나 하나와, 나 하나와, 나 하나를 세워 두며, 바통을 잇는 달리기 선수처럼, 그 모퉁이, 모퉁이마다 무수한 내가, 언젠간, 이 길의 끝장을 집어들고, 미역처럼 둘둘 걷어, 국을 끓여, 그리하여 그것이, 나의, 마지막 안부, 어느 쪽으로 달려가도 언제나, 반대쪽으로 뒤통수가, 언제나, 그러나 언제나, 셋도 아니고 넷도 아닌, 딱 두 개인,

그날의 일들

그날의 일들은 껍질만 남은 별
팽창하고 팽창하다 모든 게 사라진 별

거짓말들로 거짓말들로
검은 방 모서리가 분화구처럼 움푹했다

그때 나는 너무나도 열심히
일만 광년 바깥에서 들려주는 라디오 방송의
추룩추룩 잡음들 속으로 귀를 밀어넣었다

그날 이후로
하루에 한 알씩 떨어지는 눈송이들은
벗어 두고 온 운동화 속에 켜켜이 쌓이고 있다

우리의 나이가 일순간 일만 살씩 늙고
우리의 바다가 일순간 일만 톤씩 증발해버리고
우리의 지붕이 희디횐 별똥별로 불타오른다

새로운 사실들이 사실을 지우고
새로운 발견들이 발견을 지우고

그날의 일들은 차차 쓸모가 생기리라
대물렌즈 없는 망원경처럼
목성의 고리처럼

명왕성으로

매미라고 말해본다
소낙비라고 말해본다

벼락이라고 불볕이라고
그리고 북태평양이라고 말해본다

죽일 수도 때릴 수도 없었던
당신의 열렬함과 통증 사이

단열이 잘되던 모음들
방음이 잘되던 자음들

제4부
감히 우리라고 말할 수 있는 자들을 위하여

공무도하가
── '기형'이 기염을 토할 때를 비로소 '진화'라 말하자

 병신, 그렇게 생겨먹어서 생겨먹은 대로 살지도 못해서, 기어이 살갗을 벗겨 뼛속 어린아이를 꺼내고, 기어이 그 아이에게 젖을 물리고, 덕장에 걸린 황태처럼 깡마르게 너덜너덜해지고, 병신, 벌레처럼 머리 가슴 배, 따로 노는 세 덩어리 몸뚱일 어쩌지 못하고, 세 갈래로 찢고 찢어발기고, 따로 노는 몸뚱이를 날마다 분노로 멸균을 하고, 피를 발라 접착을 하고, 먹어 치우고, 병신, 길길이 뛰고, 몸져눕고, 기어코 도망을 치고, 주저앉아 또 킥킥거리고, 병신, 스스로를 죽이고 스스로 죽고, 좀비처럼 되살아나 밤거리를 절뚝이며 달려가는, 귀신, 그렇게 살아왔으면 살아온 대로 살기나 할 것이지, 무얼 본 양 맨발로 뻘을 향해 달려가는 귀신, 병신, 붙잡지도 불러 세우지도 못하고 남겨진 신발이나 줍는, 뒤도 돌아보지 않고 아쉬울 것도 없이, 술이 이마에 찰랑댈 때마다, 처참하고 처참하게 배웅을 하는, 헤죽대는, 병신,

불망(不忘) 카페
―아직도 감히 우리라고 말할 수 있는 자들을 위한 모임

자넨 거기서 손님을 맞아야 하네
차 한 잔을 내어준 다음 저고리를 받아 들고 이리로
모셔 오게

그사이
나는 거울을 한 번 더 보고 있겠네
깊이 묻어둔 두꺼운 시집을 꺼내어
펴들 때까지는 기다려주어야 하네
잊어서는 안 되네

손님들이 다 오시면
손뼉은 딱 두 번만 치도록 하게
바닥에는 토끼가 뛰어다닐 만치
그저 우리는 숲이 되어야 하는 걸세
조용히 이 일을 꾸려가는 게야

잊어서는 안 되네
익어가는 가을 햇볕 속에 작고한 선배님들이 반갑

게 아른거린다던
　　김종삼 선생은 모자를 벗지 않으셔도 그냥 두시게
　　체 선생도 그 점은 마찬가지일세
　　체 선생은 일요일엔 사탕수수를 베러 갈 테니
　　뜨거운 목욕물을 미리 준비해두게

　　여행 떠난 기러기는 날개를 나란히 날아가고
　　돌아온 큰 기러기는 깃을 접는다던
　　장화(張華) 선생의 시구가
　　그를 두고 한 말임을 우리는 잊어서는 안 되네

　　누울 자리가 비좁다며
　　털고 일어난 백석 선생께선 아마도
　　은비녀를 꽂은 여인이랑 함께 오실 걸세
　　잊지 말고 두 분을 나란히 맞아야 하네

　　문장은
　　이 세상에 용비늘을 새기는 일이라고

유협 선생께서 말씀하시지 않았던가

자,
오늘 오실 분은 다 오신 듯하네
어서 손뼉을 치게나
귀한 손님들 입안에 녹차 향이 사라지기 전에
또 한 잔씩 두루 따라드리는 것은
정말로 잊어서는 안 되네

맛

꽃은
자기 자신의 꿀맛을 보았을까요

우리가
꽃일까 봐서

우리는
하루 세 끼가
늘 톱밥과 같습니다

야만인을 기다리며*

꼿꼿이
제 색조로 고개를 든
야생화 위에는

(불평등조약서 같은 그림자 한 장을
땅 위로 내려보낸 큰 구름이 있었다)

흰 구름 드롭프스
와이셔츠 쌍봉낙타
물웅덩이 말 엉덩이

해 지는 방향으로 어워 한 바퀴를 돌아
집으로 가는 사람들

(풍경 좋은 원두막도
감시를 위한 처마 밑일 뿐이고
해가 지고 나서는 유목민도
위성 안테나로 수신하는 흑백 TV 속으로 귀속된다)

'이 아름다운 별에서'
라는 말이 절로 나오는 오늘 밤
UFO의 지구 정복설에
신뢰가 가는 오늘 밤

(우리는 모두
너라는 타자 없이는
사업이 없는 한심한 제국일 뿐이다)

흰 구름 드롭프스
와이셔츠 쌍봉낙타
물웅덩이 말 엉덩이

* 존 쿳시의 소설 제목에서 빌려옴.

만족한 얼굴로

 자책을 사모하여 밤을 새웠죠 우린 눈동자를 버렸어요 밤의 심복이 되려고요 우리가 행하는 모든 것은 우리를 위한 흑마술이에요 사나운 눈썹을 퍼덕이며 칼을 내밀었어요 매번 찌르지는 않았죠

 반포지구 고수부지에는 모기 떼가 운기 조식하고, 불빛들은 푸른 눈을 치켜떴어요 모든 게 다행히도 찬연했어요 구하고자 하는 게 눈앞에 펼쳐졌어도, 자책을 사모하여 우리는 강물만 바라보았어요 모기가 한철 양식을 다 모을 때까지

 우리는 함께했고요 달빛은 등 뒤에서 빛났죠 소용없었어요 우리 입김이 왼쪽에서 오른쪽으로 잠시 향해 갔으나, 모든 것은 여름밤의 바람처럼 머릿칼을 살짝 흩뜨려놓고 지나갈 뿐이었죠 주문처럼 들리던 우리 목소리는 있었지만은 자책을 사모하였기에 기울일 필요는 없었다죠 퉁명한 서로의 입술만을 하염없이 바라봤어요

함께 앉은 벤치가 자책의 힘으로 길게 늘어난 건 그때였을 거예요 우린 아득히 멀어졌구요 한 사람은 통일대교로 성큼성큼, 한 사람은 올림픽대교 쪽으로 휘청휘청, 마주 보며 까르르 웃었어요 워낙에 자책을 사모하므로, 이렇게 번번이 멀어져 언젠간 각자의 조국으로 귀향하게 될 거야, 기다란 시소를 탄 아이들처럼 환희작약 놀았던 거예요

절망은 너무나 안전하므로 차마 디딜 수 없었구요 우린 다른 용기를 내야 했어요 자유로에선 고함을 지르며 달렸어요 감시카메라가 환대하듯 플래시를 터뜨려줬어요 그 길에는 쉽게 갈 수 있는 끝장이 있었구요, 다 왔구나 초소 앞에서 유턴을 하고선 쉽게 돌아설 수 있었던 거예요 서로에게 혹은 허수아비에게 간청도 해보았어요 즐겨 내미시던 그 칼로, 한번쯤 우리 심장을 깊이 관통해주십사 하고

자책을 사모하여 우린 금세 후회하고 말았지만요 후회를 자행하는 이 새벽의 만용을 우린 한 뼘 더 사모하므로, 이 무슨 개소리일까 하시겠지만요 새벽의 이 절실함을 우린 한 뼘 더 사모하므로, 비밀번호를 입력하고는 우리만 아는 요새의 문을 열었던 거예요

 만족한 얼굴로 우린 누워 있어요 엎드린 채 베개 밑에 두 손을 넣어 두었죠 나란히 엎드려 이렇게 손을 가두는 것은요 부디 그 누구도 껴안지 말자는 우리만의 지령인 거예요

그녀의 눈물 사용법*

  어려운 꿈을 꾸면 책을 덮듯 꿈을 덮으라고 말해준 건
  그녀의 그녀였다 창밖은 서슬이 퍼래서 눈길을 거둘 수 없고
  밤새 아무 일 없었던 듯한 세상, 그 뻔한 거짓말을 그녀는 노려본다
  그럴 때 세상은 비로소 조용해졌다 그 적막 한가운데를 가르며

  꿈에서 딸려 나온 살림살이들이 재빨리 살 자리를 만든다
  그녀는 날마다 펼쳐지는 적막강산에 체크인을 한다
  먼 도시에서 마악 도착한 철새 떼가 트렁크에 한가득 들어 있다

  아마도 그녀는 피곤한 새들의 어깻죽지를 쓰다듬는 의식으로
  하루를 다 써버리는지도 모른다 이 도시에서 그녀는

새들이 힘차게 날아오르는 풍경을 방 안에서 목도
할지도 모른다

　그때 그녀의 방은 풍선 든 어린아이와 햇볕 쬐는
노인들로 가득한
　널따란 광장이 되어 있을지도 모른다 저녁 때가 되
어서야 그녀는

　눈물로 살림살이의 등때를 헹궈주기 시작한다
　인간의 등에 대해 기록하느라 그녀는 청춘을 썼다
이것은
　사물들이 그녀에게 유독 등을 맡기려는 이유이며
　그녀가 울지 않을 수 없는 바로 그 이유이다

　그녀는 넘어진 채 바퀴를 돌리는 녹슨 자전거를 닮
았다
　그녀는 길고양이의 불결한 발톱을 닮았다
　그녀는 그녀가 꾸는 악몽을 닮았다

그녀가 울었을 때에야 세상이 발가벗고 그녀 앞에 서는 그 이유이다

어김이 없었으므로 그녀는
그녀의 눈물을 기다리는 사람이 되어 있다

* 천운영 소설집 『그녀의 눈물 사용법』에서 빌려옴.

"꽃이 지고 있으니 조용히 좀 해주세요"

할망구처럼
상사화 앞에 쪼그리고 앉아
끄덕여본다
목덜미에 감기는
바람을 따라온 게 무언지는
알아도 모른다고 적는다

바다 위로 내리는 함박눈처럼
소복소복도 없고
차곡차곡도 없었다고
지금은 그렇게 적어둔다

꽃 지면 나오겠다는 약속을
지킨 걸지라도
꽃 피면 나오겠다는 약속을
어긴 거라고
오히려 적어둔다

잘했다고,
배롱나무가 박수를 짝짝 친다

저녁밥 먹으러 우리는 내려가서
고깃집 불판 위
짐승의 빨간 살점을
꽃구경처럼 꽃놀이처럼
양양 씹는다

詩人

그들은 없어지는 것을 선택했다
자기 손으로 자기 얼굴을 지우기 시작했다
하얀 눈 위에 선연한 핏자국을 남기며 도망치는 일은
친절한 길 안내에 가깝다는 걸 알고 있었다

그들은 가다가 멈추고
사향노루처럼 배꼽을 물어뜯었다 낭자한 냄새가 숲을 가득 메웠지만
그들은 자기 배꼽을 물어뜯으며
자기 이빨로 자기 존재를 지우기 시작했다

빨거나 찌를 수 있는 입으로 그들은
모기처럼 수혈하며 알을 낳아왔고
산란기에 접어들 때는 더더욱 필사적이었다고 전한다

옛날 사람들이 걱정하던 미래에 그들은 살고 있었다
달팽이처럼 자기 감옥을 지고 다니며 평생을

비전향 장기수로 살아갔다고도 전해진다

사람들은 모가지째 떨어지는
동백에 비유하기도 했고
반인반수의 운명에 처해 있음이
분명하다 말하기도 했지만

보도블럭 틈새와 시멘트 벽 균열에서 비집고 나오는
풀 한 포기일 거라는 예측도 빠뜨리지 않았다

히드라 해파리 말미잘처럼
입을 똥구멍과 합치게 되었던 깊은 까닭을
그러나 사람들은 알려고 하지 않았다

똥구멍으로 토해져 나왔던
배설물을 사람들은 고이 접시에 담았고
손님을 불러 술을 권하며
귀한 안주로 내어놓고 향연을 벌였다

고독에 대한 해석

구석기 시대 활을 처음 발명한 자는
한밤중 고양이가 등을 곧추세우는 걸
유심히 보아두었을지 모른다

저 미지를 향해
척추에 꽂아둔 공포를 힘껏 쏘아올리는
직선의 힘을

가진 적이 많아서
잃어버린 것투성이인 울음이
가진 적이 없어서
잃어버린 것투성이인 것만 같은 울음에게
활을 겨누던 시간들이
흐른 후

19세기 베를린에 살던
부슈만 씨도
한참이나 관찰했으리라

기지개를 쫘악 펴고 일어난 길고양이는
일평생 척추에 심어둔 상처로 성대가 트인다는 것을

버림받은 이가 버림받은 이에게
마음 여린 이가 마음 여린 이에게 내밀었던
덥썩덥썩 잡았던 손목들이
싹둑싹둑 잘려나갈 때

세상 만물이 궁수처럼 흔들림이 없고
사방 천지가 온통 과녁뿐이란 사실이
단지 참혹했을 때

그는 집에 돌아와
울음이 그칠 때까지 주름상자를 접고 접어
오로지 탄식만으로 발성하는
아코디언을 발명하게 되었으리라

제5부
모른다

달랑자가드*의 여자

게르 안에서
여자는
혼자 끼니를 때우며
제 입으로
은수저의 윤을 냅니다

맞은편 빈자리 은수저는
저녁 밥상을 물리고 나서
모시 행주를 꺼내
따로 윤을 내어둡니다

그러곤
창문에 비춰
지는 해를
가릴 때에 씁니다

* 달랑자가드: 몽골 고비 사막 근처의 지명.

바라나시가 운다

차이가 식는다
람 난 사트헤 —
장례 행렬이 지나가고
나는 비킬 곳 없는 길을 비킨다

가트로 내려가며
치맛자락으로 똥물을 쓸어내리는
푸자 파는 아가씨의 느린 발걸음

잠자리가 나는 모양을 바라보니
하늘에도 오솔길이 있지 싶다

바라나시가 운다
강물이 등을 부풀린다
바람이 식는다
람 난 사트헤 —

시체 하나에 해골 하나

해골 하나에 폭음 한 번
갠지스에 오는 사람들은 모두
고독을 욕망하느라 분주하고
아무것도 안 하느라 정신이 없다

오늘은 스물일곱 구
잼 잼 사트헤—
나는 그 수를 센다

잠자리가 장대 끝에
요가 자세로 앉아
제 꼬리를 야곰야곰 먹고 있다

타다 만 시체를 뜯어 먹는
개들의 포식
람 난 사트헤—
식다 만 짜파티를 뜯어 먹는
우리들의 점심

로컬 버스
── 비카네르에서 자이살메르까지*

버스를 한번 타고 내릴 때마다
환생을 나는 하고 있다

몸 안 깊은 동굴에 머물던 짐승들이
한 마리씩 앞 정류장에서 먼저들 내리고
나는 한 정류장을 꼭 더 가게 된다

먼저 내린 짐승 하나가
꾸덕꾸덕 고개를 구부리며 길 없는 언덕으로 사라질 때마다
태양은 칠흑을 천천히 지워버린다
알현을 끝낸 신하처럼 어둠은
뒤로 걸어 허리를 숙인 채 공손히 사라진다
세워둔 배낭처럼 나는 허술하게
잠도 없고 세수도 없이 먼지 옷만을 차려입고
버스 속에서 하루를 시작한다

그러므로 나는

사막 한가운데의 바오밥나무거나
머리에 물 양동이를 이고 집으로 가는 불가촉천민이거나
땅속으로 기어 들어가는 코브라거나
잠시 빛 뒤로 숨는 별 하나다

운전사가 버스를 세워놓고 갓길에서 노닥거릴 때
귀가 간지러워 새끼손가락을 귓구멍에 넣느라
이번 생도 잠시 걸음을 멈춘다

* 비카네르Bikaner, 자이살메르Jaisalmer: 인도 라자스탄 주 타르 사막에 있는 도시 이름들.

내가 할 일

바람이 내 얼굴을 만지러 올 때
한 문장을 입안에 넣어주고 가버렸어

감았던 눈을 뜨고 나니
비로소 발화를 시작하는 아기가 되어 있어
'아' 하면
'우' 하는

화강암의 이야기와
히말라야시다의 이야기와
산봉우리들의 이야기를
귀담아듣는 당나귀가 되어 있어
'아' 하면
'우' 하는

돌멩이들을 얹어둔 지붕처럼
네 귀퉁이에 자갈을 올리고 종이를 펴 시를 썼지만
간단한 바람 하나가

시 쓴 종이를 날려버렸어
'아' 하고
'우' 하는

남는 것은 없지만
내가 할 일을 했으니
이제 산을 내려가려 해

식탐을 기리다

알바트로스 새끼가 생후 6개월에 사망했다
뱃속에서 나온
라이터 펌프식 스프레이 엽총 탄환
부러진 빨래집게 병뚜껑
수백 개 플라스틱 조각들

어미가 힘찬 날갯짓으로
바다에 뛰어들어 애절하게 애절하게
새끼에게 먹인

먹지 못해서가 아니라
먹지 않아야 할 것을 너무 많이 먹고서
천남성과 필로덴드론조차
굶어 죽어갈 때,

열다섯 살 네팔 소년 람 바하두르 바미안이
바라 마을 보리수 아래에서 6개월째
물 한 방울 먹지 않고 명상을 했다

부처가 환생한 것이라고
10만 관광객이 몰려왔고
아무것도 먹지 않은
6개월간의 먹이에 대해
네팔 당국은 강한 호기심을 표했다

이 시절 이때에
환생한 싯다르타는 이번 생에도 부처가 되진 못했다
시끄럽고 어수선하여
못해먹겠다 환속하고는
꽃 대신 피켓을 들었다

배고프지 않은 자들은
이해하지 못했다
쟁반 위에 놓인 우리들의 얼굴

타만 네가라*

지느러미 달고
바다 속을 떠돌아다니며
물고기들 손끝으로 만지다 놓아주던
여름이 있었고

아무 말 하지 않고
어떤 사람도 떠올리지 않은 채
한쪽 끝과 한쪽 끝에
가난한 집 한 채가 놓인 길 위를
맨발로 걷기만 하던
여름이 있었고

소낙비를 맞아
뚝뚝 물이 떨어지는 옷을 입고
맑은 하늘이 다 말려줄 때까지
강 건너는 물소를 쳐다보며 앉아 있던
여름이 있었고

젖은 나뭇잎들 끌어 모아
한 잔 찻물을 끓이기 위해
한나절을 불 지피던
여름이 있었다

10월도 여름이었고
11월도 여름이었고
12월도 여름이었으나

눈 뜨면 봄이었고
그늘 아래 가을이었고
꿈속은 겨울이었던
여름이었다

* 타만 네가라Taman Negara : 말레이시아 중부 지방 밀림 지대.

꿀벌들의 잘난 척

꽃을 발견했을 때
꿀벌은 하루 종일 방황하던 바로 그 날개로
오로지 춤을 추기 시작했다

꽃의 아름다움에
탄복해서가 아니라 꿀이 여기 있다고
소리치기 위해서
오로지 춤의
박자와 동작을
방향과 거리와 맛을
알리는 데에 썼다

꽃이 꽃 한 송이가 아니라 오로지
밥 한 공기로 보였으므로 꽃이 아름다운 색깔을
지니게 된 진짜 이유를
잊지 않고 오로지
살았으므로

계시는 아버지

이승에서 삼십 년
육신을 빠르게 쓰고 저승으로 이사한 아들 사진을

팔십 년째
육신을 아껴 쓰고 계시는 아버지가
느리게 문갑 문을 열어 만지고 계신다

배경은 경주시 노서동
전에 살던 적산가옥 꽃밭
이국종 사냥개가
긴 혀를 내밀고 함께 웃고 있다

계시는 사진 한 장과 없어진 사냥개 사이엔
벽지처럼 살고 있다
앞모습을 보아선 아니 될
가족의 녹슨 얼굴들이

세 사람과 한집에 산다

한 사람은 나를 바로 보지 않는다
소파와 구별되지 않게 소파 속에 있거나
반쯤 열린 문틈 안에서 베개를 돋워
돌아눕는다

한 사람은 나를 보다가 나를 태운다
그 온도는 태양과 다름없고
내 운명은 종이와 마찬가지라
돋보기 같은
그의 눈빛에 나는 새까맣게 타들어간다
대체로 그 앞에서 나는 재만 남는다

또 한 사람
꿈을 보기 위해
눈꺼풀을 오려냈다는 이 사람
밤새 두 손을 소담히 오므려서
잠든 두 눈을 나는 덮어주곤 했다

지켜보는 앞에서 도정한 햅쌀로
밥 한 솥을 짓고
밤새 불린 기장미역 건져 국을 끓여
생일상을 내민다

축하보다는 축복을 받고 싶은 시월 아침에
오만 잡병의 숙주가 된 육체
속옷 벗듯 벗어둔 채
마음끼리 살을 섞는다

말과 당신이라는 이상한 액체

딱지를 긁어대는 것이 손톱이 아니라 혀일 수도 있다
흘러내리는 붉은 것이 피가 아니라 달콤한 딸기과
즙일 수도 있다

뜨겁거나 차갑지 않기 때문이다 꿈틀대다 출렁이고
솟구치다 철철 넘친다

피부를 혀로 핥는다는 것과 껍질을 손톱으로 긁는
다는
것의 차이 손놀림과 혀놀림의 차이
차이의 삐걱거림

당신은 입이 아니라 팔을 벌려야 하리라
당신은 속옷이 아니라 가면을 벗어야 하리라

말의 덩어리가 번져간다
말의 껍질이 틈새를 벌린다
말의 젖꼭지가 아리다

위대한 감사의 송가[*]

>도착하지 않고자 한다.
>우리는 아무것도,
>표독하게 아무것도, 그리하여 스스로를 번제하며
>속수무책 재가 되고자 한다.

 겨울은 몰매처럼 덮쳤나니, 겨울이 가고 봄날이 와도 눈을 감고 매를 맞듯 몸이 아렸나니, 봄날이 가고 여름이 와도 눈이 부셔 눈이 멀었나니, 계절이 바뀔 때마다 감옥을 외투처럼 둘렀나니,

 밤이면 다 똑같은 밤
 하늘도 물끄러미 언제나 하늘

 그것을 만나보지 못했던 건 아니다, 어쩌면 그토록 요란한 심장을 가졌을까, 육교 위의 네모난 상자 속 병아리처럼, 그렇게나 가는 핏줄을 통해 목숨을, 어쩌면 그렇게, 어쩌면 도대체, 손바닥 위에서 그 작은 심장이 애처롭게 팔딱대어, 나는 내 명치를 손바닥으로 누르고야 말았다, 그러곤 납작해진 그것을 내려놓았다,

언제부터였을까, 만날 사람 다 만나며 당도한 여기를 둘러보나니, 이것을 도착이라고 명명하기는 싫나니, 이미 사망한 그것을 소생시키는 것 말고는 딱히 할 일도 없으셨던 나에 대해, 죽은 척하던 모든 것들에 대해, 숭배였노라 명명했나니, 뭔지는 모르겠어도 뭔가를 기다리긴 했나니,

달빛을 새살로 두르고 만취한 채 엎어진 술병들과, 눈앞에 나타나자마자 작살이 나는 싸늘한 편육들과, 홍어회와, 날 밝기를 기다리며 치는 장례식장 화투 같은 나의 시와, 짝짝 패가 붙어 끗발이 오르는 시를 치는 벗들과, 이 황폐한 명당에 둘러 앉아 나누는 기쁨과, 낙관에 대한 요란한 교류들에 대하여,

감사를
기도를
노래를

* 베르톨트 브레히트의 시 제목에서 빌려옴.

모른다

꽃들이 지는 것은
안 보는 편이 좋다
궁둥이에 꽃가루를 묻힌
나비들의 노고가 다했으므로
외로운 것이 나비임을
알 필요는 없으므로

하늘에서 비가 오면
돌들도 운다
꽃잎이 진다고
시끄럽게 운다

대화는 잊는 편이 좋다
대화의 너머를 기억하기 위해서는
외롭다고 발화할 때
그 말이 어디에서 발성되는지를
알아채기 위해서는

시는 모른다
계절 너머에서 준비 중인
폭풍의 위험수치생성값을
모르니까 쓴다
아는 것을 쓰는 것은
시가 아니므로

|해설|

지워지면서 정확해지는, 진실
—— 소이연(所以然)의 시

신 형 철

> 유리창을 한 페이지 넘긴다
> 나는 하얗게로 지워진다
> 지워진다로 정확해진다
> ——「폭설의 이유」부분

1

 이것은 중국의 옛이야기인데 가끔씩 되새겨 음미해볼 만하다. "한 선비가 기녀를 사랑하였다. 기녀는 선비에게, 선비님께서 만약 제 집 정원 창문 아래 의자에 앉아 백 일 밤을 지새우며 기다린다면 그때 저는 선비님 사람이 되겠어요, 라고 말했다. 그러나 아흔아홉번째 되던 날 밤 선비는 자리에서 일어나 의자를 팔에 끼고 그곳을 떠났다." 이렇게 짧고 깊은 이야기. 롤랑 바르트는 이것을 『사랑의 단상』에서 '기다림'에 관해 말하는 대목 끝에다 적어두었는데, 그저 그러기만 했을 뿐 아무 말도 덧붙이지 않았다. 그래야만 했을 것이다. 저런 이야기는 세상에서 가장 약한 유리로 지어진 집과 같아서 함부로 들어갔다가는 다 깨뜨리고 나오게 되니까. 그 집 안에 빛나는 진실 하나가 숨어 있는 것 같아 애가 닳아도 그냥 유리 밖에서 고요히 안을 들여다보기만 해야 좋다. 진실의 실루엣 같은 게 얼핏 보여도 경박한 문장들로 옮겨 적지 않는 게 좋겠다. 어떤 진실은 내성적이고 연약해서 그저 그렇게 도사리기만 할 뿐 말해지지 않는다.

진실을 함부로 발설하려 하지 않고 그것이 온전히 거주할 공간을 만들어주는 일은 어렵고 옳고 아름답다. 발설하는 순간 훼손될 진실이라면, 세상에 내놓을 게 아니라 세상으로부터 지켜내야 한다. 시인들의 일이 그와 같다. 흔히 시(詩)를 일러 '말〔言〕로 지은 사원〔寺〕'이라고들 하나 사실은 틀린 말인데, 왜냐하면 '시(詩)'는 뜻과 뜻이 결합돼 있는 '회의문자'가 아니라 뜻과 소리가 결합돼 있는 '형성문자'이므로, '寺'는 그저 '詩'가 '시'로 발음되도록 거기 있을 뿐 '사원'이라는 뜻을 더하지 못하기 때문이다. 그러나 시를 쓰려고 마음먹은 이들이라면 그냥 그렇다고 믿어버리는 게 좋다. 그리고 저 중국의 옛이야기를 세 문장으로 지어진 사원이라 생각하고 그 앞에서 좋은 시의 모범을 궁리해보는 게 좋을 것이다. 선비는 왜 아흔아홉번째 밤에 기녀의 집 앞을 떠났을까. 아마도 그 결단 속에 사랑의 어떤 진실이 숨어 있겠지만, 저 이야기는 번잡한 말로 그 진실을 발설하지 않는다. 아무것도 말해지지 않았기 때문에 진실은 온전히 저 자신인 채로 내내 숱한 방문객들을 맞을 것이다.

이렇게 믿고 있는 자의 눈에는 오늘날 한국 시가 진실의 거주 공간을 충분히 아름답게 마련하고 있는지 가끔 의심스럽다. 어떤 시인들은 너무 쉽게 자신하고 또 발설하는데 그 진실들에는 뭔가를 무릅쓴 자의 고통이 느껴지질 않아 공허하고, 어떤 시인들은 진실에 관해서라면 겸손하다 못해 소극적이어서 그들의 시가 품고 있는 진실은 너무 희미해 잘 잡히지 않는다. 두텁지만 무딘 진실과 날카롭지만 얇은 진실들. 그러니 마음 공부를 위해 시를 읽는 대다수의 독자들에게 한국 시는 너무 빤하거나 너무 도도하지는 않을까. 김소연의 시는 저 빤함과 도도함 사이에서 우아한 균형을 얻고 있어 반갑다. 이 시집을 읽고, 시 읽기가 공부나 오락 같은 것이 아니라 섭생(攝生)의 불가피한 방편임을 실감하게 되는 이 많을 것이다. 마음의 섭생을 위해 꼭 필요한 것들이지만 산문으로 옮겨 적으면 사라지고 마는 종류의 진실들을 그녀는 이번 시집에 수습해두었다. 어렵고 옳고 아름다운 일이다.

2

이 시집을 어떻게 읽어야 할까. 한 권의 시집을 읽는 여러 가지 방법이 있지만 우리는 이 시집의 '구조'에 대해 얘기해보려고 한다. 예컨대 릴케는 10여 년에 걸쳐『두이노의 비가』(1912~1922)를 쓰면서, 인간으로 산다는 게 어떤 것인지를 이해하기 위해 천사, 연인, 영웅, 성자 등의 존재 양상을 두루 순례하며 숙고하는 것으로 저 장려한 연작시의 구조를 만들었는데, 김소연의 세번째 시집도 몇몇 존재 양식들의 단계를 순례하고 있는 것처럼 보인다. 당겨 말하면, '사람인 나'(1부)에서 '여자인 나'(2부)를 거쳐 '몸을 가진 나'(3부)로 좁혀 들어왔다가, '몸을 가진 나'를 반환점 삼아 다시 밖으로, 그러니까 '우리 속의 나'(4부)와 '타자들(아직 '우리'가 아닌 사람들) 속의 나'(5부)로 넓혀 나아가는 순례의 궤적이 이 시집의 구조를 이룬다. 물론 그 순례의 목표는 전혀 다를 텐데, 릴케가 인간으로 산다는 게 어떤 것인지를 이해해보려 노력한 건 지상의 삶을 넘어서기 위해서였지만, 우리의 시인이 전공한 것은 지상의 삶에 발목 잡힌 인간들에게 필요한 절박한 실용 학문에 가깝기 때문이다.

*

먼저 살아야 할 것은 **사람의 시간**이다. 절망의 대가(大家) 에밀 시오랑은 이렇게 말한다. "동물이나 식물의 단계를 겨우 벗어난 사람들이 인간이 되기를 열망하는 것은 이해가 가는 것이다. 그러나 인간 조건이 무엇을 의미하는지 아는 사람들은 인간만 제외하고 무엇이든 좋다고 생각한다"

(『절망의 끝에서』, 강, 1997, p.102). 대체로 인간이라는 것에 전혀 자부심을 느낄 수 없다고 불평하면서 23세의 청년은 이렇게 덧붙인다. "만일 할 수만 있다면 나는 매일 다른 동물이나 식물이 될 것이다"(같은 곳). '인간만 제외하면 무엇이든'이라고 말하는 이 청년에게서 '인간 조건'에 대한 성실한 탐구와 정직한 절망의 기미를 느낄 수 없는 것은 아니지만, 동물이나 식물의 삶이 자유롭고 아름다울 것이라고 꿈꾸는 그 믿음은 어쩔 수 없이 순진해 보인다. 우리의 시인은 다른 방식으로 말한다. 동물과 식물의 삶은 고통스럽다, 인간의 삶이 고통스러운 것은 그것이 동물이나 식물의 그것과 다르지 않기 때문이다, 라고. 그래서 이 시인은 '인간 조건'을 동물과 식물의 삶에서 찾는다. 먼저 동물.

바람을 간호하던 암늑대의 긴 혓바닥이 나뭇가지처럼 딱딱해질 때, 비로소 아이는 늑대의 섭생을 이해하는 한 그루 어른이 되는 거래. 그때 바람은 떠났던 숲으로 돌아가지 못해 더 큰 목소리로 운대. 눈물이 사라진 어른들을 믿을 자신이 없어, 아이는 모로 누워 남몰래 운대. 밤새 흘러내린 눈물로 마당이 파이기 시작하면, 바람은 사라지고, 새로운 돌부리들이 죽순처럼 쑥쑥 마당을 뚫고 올라온대. 누군가는 그 돌을 주워 피리를 불고 누군가는 그 돌이 부르는 노래를 듣는대. 늑대가 섭생을 위해 밤새도록 무엇을 원했는지는, 그 노래에 귀를 기울이면, 다, 알 수가 있대. ──「눈물이라는 뼈」부분

이 시는 '아이는 어떻게 어른이 되는가?'라는 질문에 답하기 위해 지은 동화로 읽힌다. 나무 아래의 늑대와 나무 위의 지빠귀가 팽팽하게 대치하고 있는 상황을 그린 1연, 세상이 잠들자 맹렬하게 나무둥치를 갉아대는 늑대와 노래를 멈추고 나뭇가지를 쪼아대는 지빠귀를 그리는 2연에 이어 위에 옮겨 적은 3연이 이어진다. 살아남기 위해 세상과 대치할 수밖에 없는, 그러니까 "섭생을 위해서 살생을 해야만 하는 운명에 처한" 존재의 비극 때문에 눈물을 흘릴 때, 아이는 비로소 "늑대의 섭생을 이해하는 한 그루 어른"이 된다. 이야기는 아이가 흘린 눈물로 마당이 파이고 거기서 돌부리들이 자라고 그 돌이 노래를 부르는 데까지 이어지는데, 아마도 그 노래 속에 사람으로 산다는 것의 어떤 비극적 진실이 숨어 있겠지만, 다행스럽게도 그 진실은 발설되지 않고 보호되고 있어 우리가 단정하기는 어렵다. 그저, 이 시인이 쓰고 있는 시가 바로 그 '돌의 노래'와 많이 다르지는 않은 것이겠지, 해보는 것이다. 이제 식물에 대해, 그러니까 "한 그루 어른"이 되어 산다는 것이 무엇인지에 대해서 말해볼까.

　　나무와
　　나무 사이
　　그 간격은 몇십 센티미터가
　　몇억 광년과 다름이 없다

> 그래도 수백 년을 더
> 뿌리에게 뿌리로
> 닿기로 한다
>
> 내 나무는 어떨 땐
>   '플랜트?' 하고 물으면
>   '플루토!' 하고 대답한다
> 그건 내 나무들만의
> 비밀한 위트다 ——「위로」 부분

  이 시는 '필레몬과 바우키스'(오비디우스, 『변신이야기』 8권, 618~725행)의 이야기에서 시작되었다. 가난하되 화목했던 동갑내기 부부 필레몬과 바우키스가 어느 날 인간의 모습을 하고 나타난 신을 극진히 섬겨 소원을 이룰 수 있게 되었다. 두 사람은 한날한시에 죽어 상대방이 홀로 남는 고통을 피할 수 있게 해달라는 애틋한 소원을 말한다. 시간이 흘러 마침내 죽음의 날이 왔을 때 두 사람은 상대방의 몸에 잎이 돋아나는 모습을 보며 작별을 고하고 각자 한 그루씩의 나무가 된다. 오비디우스가 전하는 이야기는 여기까지인데, 독일 시인 라이너 쿤체가 두 사람이 나무가 되어 서로 가지를 뻗을 수 있게 된 것은 이별 이후에 주어진 큰 위로가 아닐 수 없다고 덧붙였고, 우리의 시인은 어쩌면 나무들 사이의 거리란 별들 사이의 거리만큼이나 아득한 것이 아니겠느냐는 이야기를 또한 거기에 덧붙였다. 그러나 그녀는 별들은 서로 별자리를 이루지 않느냐는 따뜻한 위로를 빼놓지 않았고, 그녀가 그녀의 나무에게 '나무니?' 하고 물으면 '명왕성이야!' 하고 대답한다는 유머도 또한 잊지 않았다.

　사람 하나
　경대 앞에 앉아서 분첩을 열어 얼굴에 바른다 주근깨를 지우고 기미를 지우고 흉터를 지운다 눈썹을 그리고 눈동자를 그리고 입술을 그려서 여자를 만든다 사람으로 태어나 사람 비슷한 것으로 살다가 사람이 아니어지는 이 세월, 어리석어도 좋고 저속해도 좋고 잔인해도 좋다며, 잠시나마 사람인 것으로 환치시키려고 붉은 연필을 들고 안달을 한다 온 세상 경첩들이 한꺼번에 덜컹대는 한밤중에
　　　　　　——「사람이 아니기를」 부분

이제 물어보기로 하자. 사람으로 산다는 것은 섭생을 위해 끊임없이 방황해야 하는 늑대로 산다는 것이고 동시에 "두 발 없는 짐승"(「너를 이루는 말들」)인 나무로 산다는 것이다. 그런데도 사람으로 살아야 하는가? 우리도 이 순간에 절망의 대가인 한 청년처럼 '인간이 아니라면 무엇이든!'이라고 외쳐야 하는가? 인용한 시는 우리의 시인이 확실히 청년의 허무주의보다는 더 깊은 지혜를 갖고 있음

을 알려준다. 나비 모양의 문갑 경첩을 보면서, 말매미 모양의 서랍장 손잡이를 보면서, 보름달이 그 문갑과 서랍장의 진경산수와 십장생을 비추는 밤에, 그것들 모두가 "한통속이 되어/사람이 아니기를/꿈꾸"(「사람이 아니기를」)는 그 시간에, 한 여인이 화장을 한다. "사람이 아니어지는 세월"을 견디려는, 잠시나마 사람이려는 의식(儀式)이다. 시는 진실의 거주 공간이라는 것을 알고 있으므로 우리의 시인은 그 의식을 그냥 보여주기만 할 뿐 별말이 없다. 그러나 바로 이 장면에서 우리는, 사람으로 살아가는 일에서는, 순진한 인간주의도 성급한 허무주의도 아닌 어떤 다른 태도도 있을 수 있다는 사실을 어느새 감득하게 된다. 이 여인이 이끌어가는 것이 2부의 시들이라고 해도 좋다. 이제 **여자의 시간**이다.

> 엄마는 딸에게 거울이 되어주었지만
> 거울은 원하는 표정만을 비추는 공범자를 자처했다
> 딸을 엄마는 창문이라 말하곤 했지만
> 꼭꼭 밀봉한 채로 문풍지를 발라주셨다
>
> 창문을 활짝 열어 큰 숨 쉬려 하니
> 골목 어귀에서 풀려나간 까마귀 한 마리
> 까악까악— 허공에 대고 자기 이름을 울부짖고 있다
> ──「경대와 창문」 부분

2부의 시들에서 각별히 인상적인 것들은 여자로 살아가는 일의 내밀한 아픔에 대해 주로 말한다. 위의 시를 보면 아무래도 여자의 삶은 그녀를 낳은 또 다른 여자의 삶을 빼놓고 이야기하기 어려운 것인가 보다. "육포처럼 말라버린 엄마의 발목을 만지며/내 생이 그녀의 생을 다 먹어버린 건 아닌지"를 아파할 줄 아는 나이가 된 시인이 모녀 관계의 고단한 애증에 관해 토로한다. 이 시인은 "마음을 확산하는 것이 유리라면, 마음을 수렴하는 것은 거울인 셈"(『마음사전』, 마음산책, p.23)이라고 말한 적이 있는데, 그녀가 보기에 가장 소망스러운 모녀 관계는 엄마가 딸에게 거울이 되어주고 딸이 엄마에게 창문이 되어주는 그런 관계인 것 같다. 그러나 실제로는 그렇게 되질 못해서, 엄마라는 거울은 딸이 원하는 모습만을 되비추어 본의 아니게 딸의 세계를 한정해왔고 딸이라는 창문은 엄마에 의해 차단되어 엄마의 세계가 확장되는 데 기여하지 못했다. 아마도 이 질곡은 엄마의 죽음 이후에나 사라지겠지만(이 시의 1연을 보라), 설마 그 '이후'를 소망하는 딸은 이 세상에 없을 테니, 세상의 모든 모녀 관계는 답답하고 아프다. 시의 후반부에서 자기 이름을 울부짖는 까마귀는 그래서 우는 것인가. 까마귀 우는 그런 오후에 씌어진 것처럼 보이는 시 한 편이 있다.

　자기 기억을 비워내기 위해

심장을 꺼내어 말리는 오후

자기 슬픔을 비워내기 위해
배를 가르고 내장을 꺼내 헹구는 오후

여자는 혼잣말을 한다
왜 나는 기억이나 슬픔 같은 것으로도 살이 찌나
왜 나의 방은 추억에 불만 켜도 홍등가가 되나

늙어가는 몸 때문이 아니라
나이만큼 무한 증식하는 추억 때문에
여자의 심장이 비만증에 걸린 오후
드디어 여자는 코끼리로 진화했음을 안다
　　　　　　　　　—「고통을 발명하다」 부분

  낮과 밤이 뒤섞이는 해질 무렵에, 그러니까 프랑스인들이 '개와 늑대 사이의 시간'(이 시의 원래 제목이기도 하다)이라 부르는 그 시간에, 중년을 향해 가는 여자가 겪을 법한 고통을 전력투구라는 표현이 적절할 정도로 치열하게 옮겨 적었다. 이 시에서 여자를 괴롭히는 것은 늙어가는 몸이 아니라 여자로 살아오면서 쌓아온 기억들의 역류다. 고통스러운 기억일수록 그녀가 원하지 않아도 어쩔 수 없이 되밀려오는 것이어서 그 사태는 마치 원하지 않으면서

도 끝없이 먹고 또 먹어야만 하는 폭식증과 같다. "작고 작은 새 한 마리"였던 때로 돌아가기에는 너무 늦었고 "노인네의 울음"은 너무 잘 이해하게 되어버린 나이에 겪게 되는 기억의 과식 혹은 추억의 비만. 이 시를 뒤덮고 있는 우울은 일생을 하루로 환산했을 때 정확히 개와 늑대 사이의 시간에 해당할 나이를 그녀가 살고 있기 때문에 생겨나는 것이리라. 마음의 우울을 심장의 비만으로 치환하고 있는 이 시에서 이미 시작된 것이지만, 마음과 몸은, 마음에서 생긴 병이 몸의 고장을 부르는 방식으로 서로 교섭한다. 3부로 넘어가자. 이제 **육체의 시간**이다.

> 내 뺨에 닿자마자
> 정전기가 이는 당신의 손
> 겨울밤이라서 그렇다는 위로 따위는 하지 말아줘
>
> 겨울이면
> 뺨이 트는 한 사람과
> 겨울이면
> 손이 트는 한 사람의
> 접착 불가능한 해후라고
> 그리고 그 밖의 모든 것이라고
> 정직하게 말해줘

> 밤새 어디 있었냐는 질문을
> 이젠 좀 눈빛이 아닌
> 복수로써 해줘
> ——「뒤척이지 말아줘」 부분

 여자로 살아간다는 것은 남자와 살아간다는 것이고 더 나아가 사랑의 쓸쓸한 부조리를 감내하면서 살아간다는 것이다. 예컨대 이런 상황 말이다. "우리라는 자명한 실패를 당신은 사랑이라 호명했고 나는 고개를 끄덕였고 돌아서서 모독이라 다시 불렀다"(「투명해지는 육체」). 사랑이라는 사업에서 마음의 섭생은 몸의 관리와 늘 함께 움직인다. 외박을 하고 귀가한 여자가 남자에게 하는 말을 옮겨 적은, 이번 시집에서 특별히 유려하게 아픈 위의 시를 보라. 시인은 지금 몸의 언어를 말하고 듣는다. 남자의 손이 여자의 뺨에 닿을 때 발생하는 정전기를 관계 균열의 예후로 간주하고, 손이 트는 남자와 뺨이 트는 여자의 몸의 차이를, "접착 불가능한 해후"라는 다소 딱딱한 표현을 동원해가면서, 앓는다. 남자의 '눈빛'에 대해 말하는 3연은 이전 시집에 수록돼 있는 「불귀 2」를 떠올리게 하면서 읽는 이의 마음을 찌르는데, 무너지는 관계 속에서 마음의 섭생이 힘들어 허둥낸 적 있는 우리가 '차라리 복수라도 해달라'는 저 말을 어찌 무심히 넘길 수 있을까. 그리고 이 시의 화자가 남자에게 "뒤척이지 말아줘"라고 말할 때 이 말이,

그 거죽이 하고 있는 말과는 달리, 사람으로 사는 일을 견디낼 수 있게 도와달라는 부탁이자 함께 삶을 이겨내자는 애원이라는 것을 어찌 모를 수 있을까. 이와 사뭇 다른 육체의 시간이 또 어느 아침에 흐른다.

> 그런 꿈을 꾼 아침은
> 몸 안쪽이 환해지곤 해
> 감각들이 하나하나 옆자리로 도착하지
> 방바닥에 널려 있던 탄피를
> 나사처럼 뼈에 끼우지
> 관절을 고정시키고 일어서면
> 몸 안쪽이 몸 바깥으로 배어나오고
> 새로 태어난 얼굴이 거울 앞에 보였어
> ──「거기서도 여기 얘길 하니」 부분

'당신'을 찾기 위해 "폭풍처럼 직진하며" 달리는 꿈을, 현실로부터의 도피가 아니라 현실로의 흘러넘침에 가까운 그런 꿈을 꾸었다. 꿈에서 깨어났을 때 내 몸을 휘감는 느낌을 "몸 안쪽이 몸 바깥으로 배어나오고"라고 표현했다. 균열을 드러내는 육체의 시간도 있지만 한편으로는 재생을 실감하게 하는 육체의 시간도 있다는 것을 말하기 위해 이 시를 옮겼다. 곧장 다음 단계로 넘어가볼까. 몸과 몸의 접촉에 경계심이 끼어들지 않는 관계를 일러 친구라 부를 수 있을 텐데 그들과 직간접적으로 연결돼 있는 시들이 몸의 시들 뒤에 이어지는 게 또 그럴듯하다 싶다. 4부에는 '감히 우리라고 말할 수 있는 자들을 위하여'라는 제목이 얹혀 있다. 4부에 수록돼 있는 시들 중에서 각별히 인상적인 것들 몇 편은 '우리'라는 이름으로 존재하는 어느 집단에 대해 말한다. **우정의 시간**이다. 그 집단에는 아마도 후배 시인들이 포함돼 있을 것이고(「詩人」은 소위 '미래파'들의 정체와 운명에 대해 말한다), 비슷한 연배의 소설가들도 몇 끼어 있을 것이며(「그녀의 눈물 사용법」은 그중 한 사람에게 헌정한 시다), 이미 작고한 사람들, 예컨대 김종삼, 체 게바라, 장화, 백석, 유협 등(「불망 카페」를 김종삼의 「시인학교」에 대한 오마주로 읽어도 좋다)도 한 자리를 차지할 것이다. 우리로 존재한다는 것이 어떤 것인가를 아름답게 정리한 시 한 편이 있다.

    자책을 사모하여 우린 금세 후회하고 말았지만요 후회를 자행하는 이 새벽의 만용을 우린 한 뼘 더 사모하므로, 이 무슨 개소리일까 하시겠지만요 새벽의 이 절실함을 우린 한 뼘 더 사모하므로, 비밀번호를 입력하고는 우리만 아는 요새의 문을 열었던 거예요

    만족한 얼굴로 우린 누워 있어요 엎드린 채 베개 밑에 두 손을 넣어 두었죠 나란히 엎드려 이렇게 손을 가두는 것은요

부디 그 누구도 껴안지 말라는 우리만의 지령인 거예요
—「만족한 얼굴로」 부분

 '반포지구 고수부지'에서 '자유로'를 거쳐 어느 '비밀 요새'에까지 이르는 어느 날 밤의 통음난무를 말하되, 마음의 바다에 밀려왔다 밀려가는 자책, 후회, 만용, 절실 등이 그 시간을 어떻게 은밀하게 배후 조종했는지를 또한 말하는 시다. 앞서 언급한 「뒤척이지 말아줘」와 함께, 이번 시집에서 가장 유려하고 아름다운 음악이 흐르는 시라고 해도 좋을 텐데, 특별히 인상적인 것은 마지막 대목이다. 앞에서 우리는 '친구'를 "몸과 몸의 접촉에 경계심이 끼어들지 않는 관계"라 어설프게 규정했는데, 시인은 '우리들'이란 이렇게 나란히 엎드린 채 서로 껴안지 않는 관계라고 말하면서 우정의 깊은 진실 하나를 잘 보존해두어 우리의 어설픈 규정을 부끄럽게 한다. 발표 당시 제목인 '자책을 사모하여'를 '만족한 얼굴로'로 바꾼 것은, 그날 밤의 통음난무에서 처음의 마음('자책')보다는 끝의 마음('만족')을 더 강조하고 싶었기 때문이겠지. 사람으로 여자로 혹은 몸으로 살아가는 일을 견딜 수 있게 해주는 그 '우리'의 힘을 긍정하고 싶어서였겠지. 그런 날 밤에는 또 이런 생각을 할 법하다.

 '이 아름다운 별에서'

라는 말이 절로 나오는 오늘 밤
　　UFO의 지구 정복설에
　　신뢰가 가는 오늘 밤

　　(우리는 모두
　　너라는 타자 없이는
　　사업이 없는 한심한 제국일 뿐이다)
　　　　　　　　　　　　——「야만인을 기다리며」 부분

　어디에도 야만인은 없지만 제국의 당위성을 강변하기 위해서 '야만인'을 기다려야 하고 심지어는 창조해야 하는 제국의 곤경을 (혹은 그 제국을 닮은 우리의 안타까운 편협을) 폭로하는 존 쿳시의 소설을 이 시인은 긍정적인 방식으로 뒤집어놓는다. "타자 없이는/사업이 없는" 삶이므로, 그러니까 우리는 타자를 만나러 그토록 자주 길을 떠나는 것이므로, 이 시집과 함께하는 순례의 끝에는 타자들이 있다. 예컨대 인도의 어느 지역에서 로컬 버스에 몸을 실은 이 시인은 "버스를 한번 타고 내릴 때마다/환생을 나는 하고 있다"(「로컬 버스」)라고 적었는데, 환승이 곧 환생일 수 있다는 이 깨달음을 시적 과장이라고 힐난할 것이 아니라, 그런 것들도 다 여행지에서나 겪을 수 있는 일이니 그래서 여행을 떠나는 것이라고 받아들이는 게 좋겠다. 그러면 거기서 "나는/사막 한가운데의 바오밥나무거나/머리에

물 양동이를 이고 집으로 가는 불가촉천민이거나/땅속으로 기어 들어가는 코브라거나/잠시 빛 뒤로 숨는 별 하나"(같은 시)가 되기도 하는 것이다. 아마도 이 환생의 체험으로 마음의 부도를 피하고 다시 사람의 시간으로 돌아올 수 있는 것이리라. 그 환생의 기록들이 5부에 모여 있다. **여행의 시간**이다.

*

사람의 시간, 여자의 시간, 육체의 시간, 우정의 시간, 그리고 여행의 시간이 차례로 흐르는 시집이고, 시인과 더불어 그 시간들을 살면서 각기 다른 삶의 존재 양식을 경험할 수 있게 하는 시집이다. 이 순례를 마무리하면서 마지막으로 옮겨 적을 만한 시를 고르는 일에는 별다른 고민이 필요 없어 보인다. 순례의 맨 처음에 인용한, 아이가 어른이 된다는 것은 무엇인가를 묻고 답하는 한 시에서 시인이 '노래하는 돌'에 대해 말한 것을 기억하실 텐데, 이 시인은 "늑대가 섭생을 위해 밤새도록 무엇을 원했는지는, 그 노래에 귀를 기울이면, 다, 알 수가 있다"라고 말했었고 우리는 '아마도 이 시인의 시가 그 노래와 다르지 않을 것'이라고 덧붙였더랬다. 앞에서는 그냥 지나쳤지만 이번에는 말해보자. 그 노래는 과연 어떤 노래일까. 어느 늙은 여가수가 바로 그 노래를 부른다. 슬픔으로 시작되었으나 슬픔으로 끝나지 않는 노래, 때로 사람이 아니기를 원하지만 끝내 사람으로 남아 생을 살아내는 그런 노래, 우리의 시인이 부르기를 원하고 또 부르고 있는 노래, 마음의 섭생을 위해 우리가 꼭 알아야 할 어떤 진실이 온전히 보존돼 있는 그런 노래.

>   관록만을 얻고 수줍음을 잃어버린
>   늙은 여가수의 목소리를 움켜쥐노니
>   부드럽고 미끄러운 물때
>
>   통곡을 목전에 둔 부음
>   태초부터 수억 년간 오차 없이 진행되었던
>   저녁 어스름
>
>   그래서 이것은 비로소 여자의 노래
>   그래서 이것은 비로소 사람이 할 말
>   그래서 이것은 우리를 대신하여 우리를 우노니
>   ──「이것은 사람이 할 말」부분

"어차피 헛헛했다며/일생이 섭섭하다며/그럴 줄 알았다며 그래서 어쩔 거냐며" 늙은 가수는 노래하고 시인은 거기에 박자를 맞춘다. 이 시에 시인은 '이것은 사람이 할 말'이라는 제목을 붙여두었다. '할 말'이라는 표현에는 그냥 지나쳐서는 안 될 어떤 무게가 실려 있는데, 이 표현은 '하는 말'과 '해야 마땅한 말'의 중간쯤에서 묘하게 울린다. 어쩌면 좋은 노래(시)는 연륜과 지혜 같은 자연적인 것('하는 말')과 사명감이나 의무감 같은 인위적인 것('해야 마땅한 말')의 사이쯤에서 생겨나는 것일까. 그 사이에서, 양쪽을 절충하는 것이 아니라 양쪽으로 흘러넘치는 게 '비로소' 노래일까. 스스로 깊어져 있는 노래는 어떤 편향들을 넘어서면서 아름다운 동시에 정당할 수 있다. 모든 진정한 시인은 '우리를 대신하여 우리를 우는' 이들이어서 모든 진정한 사람의 노래에는 삶의 존엄을 훼손하는 것들을 향한 항의의 노래도 잉태돼 있는 법이니까. 김소연의 시가 보여주는 바대로, 좋은 시는, 일상의 사소한 진실에서부터 한 시대의 급박한 진실에 이르기까지, 이 넓은 진폭의 진실이 훼손됨 없이 머물 수 있는 어렵고 옳고 아름다운 거주 공간이라고, 마지막으로 적는다.

3

이 글을 쓰고 있는 이에게도 "아직도 감히 우리라고 말할 수 있는 자들을 위한 모임"은 있는 것이어서, 그 우리들은 어느 날엔가 이 시인의 책 『마음사전』을 펼쳐놓고 우리가 멋대로 '마음사전 놀이'라고 명명한 어떤 놀이를 해본

적이 있었더랬다. 이 책의 후반부에는 마음에 얽힌 낱말들을 말 그대로 사전처럼 풀이해놓은 대목이 있는데, 예컨대 그 사전에 따르면 '설렘'은 '뼈와 뼈 사이에 내리는 첫눈'이고 '슬픔'은 '생의 속옷'이며 '한숨'은 '나의 궁리에 대한 나의 대답'이다. 이런 몇 개의 문장들을 읽고 탄식하며 무릎을 치는 것으로 부족해서, 우리는 각자가 아직 읽지 않은 항목들을 가지고 퀴즈 놀이를 해볼 생각까지 했던 것이다. "최승자 시인의 말대로, 청춘의 트라이앵글 중 하나. 청춘 이후로는, 유일한 정신적 구호품"인 이것은 무엇일까요? 정답, 그리움. 맞아도 한 잔, 틀려도 한 잔을 들이켜가면서 이 놀이는 한동안 지속되었는데, 그러면서 우리는 마음학교의 학생이 되어 몰랐던 사실들을 하나 둘 알아가는 것이었다. 왜 그때는 그렇게 행복했고 왜 그 행복은 또 그토록 불안했으며 그 불안은 어째서 조금은 달콤하였던가를. 그러니까, 마음이 몰랐거나 모른 척했던 삶의 소이연들을.

> 시는 모른다
> 계절 너머에서 준비 중인
> 폭풍의 위험수치생성값을
> 모르니까 쓴다
> 아는 것을 쓰는 것은
> 시가 아니므로
> ―「모른다」 부분

왜 선비는 아흔아홉번째 날 밤에 기녀의 정원을 떠날 수밖에 없었을까. 기녀는 알았을까, 선비라고 알았을까. 그냥 그럴 수밖에 없지 않았을까. 왜 그럴 수밖에 없었는지를 알게 되는 것은 한참 후의 일. 누구도 삶에 대해 너무 많이 알 수는 없어서 우리는 때로는 선비가 되었다가 때로는 기녀도 되었다가 하면서 마음을 섭생할 밖엔 없는 것인데, 그렇게 우리는 만나고 헤어지고 기억하고 잊는 일을 반복하며 살아갈 수밖에 없겠지. 마음이 저지른 일을 마음이 이해하는 과정이 삶이라면, 모든 문학은 결국 '그렇게 된 일이 그리될 수밖에 없었던 까닭'을, 그러니까 마음의 소이연을 더듬고 또 더듬는 일인 것일까. 그러나 시의 길은 산문의 길과 다른 것이어서, 이 시인이 이 시집을 통해 그리했듯이, 시인의 일이란 언제나 그 소이연을 묻고는 충분히 대답하지 않는 일, 섬세하고 아름답게 대답을 유보하여 그 진실을 잘 보존해두는 일이다. 김소연의 시는 아흔아홉 번의 밤을 당신과 지새우다가 마지막 날 밤에 의자를 팔에 끼고 조용히 그곳을 떠난다. 소연의 시는 소이연의 시다.